为你

我敢与全世界

为

你

敌

陈保才◎著

台海出版社

CONTENTS 目录

第一章

你敢不敢追梦？ 梦想值多少钱？

世界上最笨的人出门闯世界！

关于世界，我们到底该有怎样的态度呢？我记得，我小时候比较惧怕这个世界。夏天的夜晚，在田地里看麦子，周围万籁俱寂，只有虫儿的鸣叫，四周漆黑，总感觉有鬼。那时候，会觉得灯光如果太亮的话，鬼会更容易看见，找过来。为了不被注意，会将马灯拧小，躲在架子车下，麦架下，缩到一个很小的角落，以为那样就可以安全。

2002 年，我踌躇着要不要留在铜陵，因为它是那样小的一个城市。我的故乡不在那里，我在那里没一个亲人，朋友。但是，用人单位后来并没录用我，尽管我考试分数很高。

2003 年，我想留在宁波，但是我不知道怎样去找工作，我不熟悉互联网，不了解外面的世界，对单位什么的一点概念都没有，也没上过求职网站。因为对这个世界缺乏了解，我最后还是回到亳州教书。

2004 年，我终于辞职。在对外面的世界没有太多了解的情况下，我居然勇敢地来到了上海。怀揣 200 元钱，我像上海滩里的许文强一样开始了自己的上海梦。然而，我是个百无一用的书生，文学青年，市场不懂，时尚不熟，虽然我有文学修为，但文案、策划这东西，却从没接触过。因此，我的路可想而知，是比较难的。在上海做了将近一年，换了两三份工作，依然找不到感觉。最后就只能回家了。

我那时就像一个穷乡僻壤来的人，对职场完全不懂，即使做杂志编辑，也要遵循读者的喜好，定位市场，有一定的规则和套路，而我只想写自己喜欢的东西，只爱写自己擅长的散文。因此，即使编辑工作，我也觉得不适合我。那么，我到底想要什么呢？什么才真正地适合我？

其实，我最不擅长搞人际关系，甚至全然不懂，吃尽苦头。比如，我在上海的第一份工作，电影杂志编辑。一个老员工让我帮他校对，可我当时正在写稿，我说，待会儿可以吗？我想的是，我此刻正在灵感的兴头上，写完我就帮你校。可他等不及，走了。过了几天，北京一个杂志发表了我之前写的影评。他拿着文章来找我，问我那是不是我的文章，我说是的。他二话没说，就走了。回头领导就把我辞掉了，说是给竞争对手写稿。原来是他告的，不折不扣的小人。就这样，我在上海第一次失业了。这原来是我全部的希望，所有的梦，现在，却让我无路可走。我

只能去找工作，因为回家已不可能——拉不下面子。

很多年后我都还记得那个人，有一次在南方都市报娱乐版看到他访问的一个电影公司老板，他原来也早已离开那个电影杂志，并且也是灰溜溜地走。原来，害人的人，自己也往往都不会有好下场。而那时，我已经出过几本书，他还做着记者。他绝对想不到，当年那个被他告密的文学青年，非但没饿死，还成了情感专家。

我刚到某杂志的时候，老大对我很好。老大是个公平的人，和蔼的人，我努力工作，认真写稿，他会支持我在本刊写专栏，有难约的稿子也会让我去约，因为知道我可以完成。我没有心机，也没有什么事情发生。因为有他"罩"着，其他的"小鬼"也不敢乱搞，搞了他也瞧不上。但是一年半后，他离开了，换了一个女的，是一个老同事，也是我老乡，本来我自己感觉关系也还不错，但是她当了领导后，那种关系就完全不同了。别人都适时扭转风向，开始打点上下级关系，阿谀奉承拍马屁，我什么都不懂，只知道继续努力写稿子编稿，却不知道我被孤立了。

最艰难的时候，我的薪水只有几千块钱。因为稿子被压得厉害，我的作者都无法发稿，我自己写的也很难发，被穿小鞋。那时候想辞职，但不知道自己该干什么，能干什么。后来找到一个工作，F1赛艇企划。女副总裁很欣赏我，让我写了上万字的企划文案，说等总裁从国外回来，见我一面就上班。我熬夜加班，费尽所有脑细胞，将F1摩托艇行业怎样发展、怎样做都写得非常详细到位，我满心欢喜，以为终于有人欣赏，哪知道总裁回来跟我见了一面，说我性格内向，不予聘用。

我再次感到，这个世界我是捉摸不透的。尽管我已经工作四五年，尽管我出了好几本书，做了签售，上了电视，但是我一直搞不懂职场的人际关系。这是一个谜，我不知道关键点在哪里，核心点在哪里。其实，是我不屑搞那些东西，我崇尚的是个人奋斗，尤其是个写作者，我不积蓄才华难道只靠拍马屁吗？难道做好工作不是头等大事吗？但是，对单位来说，搞人际关系是第一位的，其次才是你是否会写东西。

但是，我真的不懂，所以吃了很多苦头。有时候想想，如果我停下来，也像别人那样去玩转人际，我会怎样呢？没准也能混得风生水起。但是，我天生的文人性格，是不适合搞哪一套的。就如著名女作家张洁在《我的四季》里写的，"没有充分的准备，便急促地上路了。经过的艰辛自不必说它。要说的是找到了水源，才发现没有带上盛它

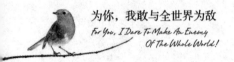
的容器。仅仅是因为过于简单和过于发热的头脑，发生过多少次完全可以避免的惨痛的过失——真的，那并非不能，让人真正的痛心的是在这里：并非不能。我顿足，我懊恼，我哭泣，恨不得把自己撕成碎片。有什么用呢？再重新开始吧，这样浅显的经验却需要比别人付出加倍的代价来记取。不应该怨天尤人，会有一个时辰，留给我检点自己！"那样简单的人际关系，我却弄不好，一些众所周知的细节，我却忽略了。原因只是我的心里只装着文学，我只想着写作，其他东西全忽略了。

就像我一个朋友曾经对我的建议，这么简单你不会吗？真的不会啊。所以我曾经特别想写一篇文章，世界上最拙笨的人出门闯世界。我觉得我就是那个最笨的人，本来该老老实实待在小城市，守着一份工作好好珍惜，却偏跑到城市寻梦，碰了那么多壁，真是活该。

然而，我曾经所担忧的恐怖的职场终于被我甩掉了。我这辈子都不会再上班了，也不会受制于任何人了。而且，我还成了导师。当我在深圳宝安图书馆给几百人讲《如何在职场爱对人做对事》的时候，我的演讲内容受到热烈欢迎，我给出了许多真知灼见，许多新的方法和方案、角度、态度。当所有人都以为我是个玩转职场的高手时，我却明白，那都是我血的教训。正是因为撞得头破血流，给出的建议才真实靠谱，因为我已经先行试验了，碰过壁了，你们听到的都是益处和精华了。

记得演员陈坤曾经写过一篇文章——《一个贫穷而美貌的男人，在这世上可能遇到什么？》这文章比较矫情啊。像我这样贫穷、不帅而又笨拙的人，我所遭遇的才是最艰难吧。因为漂亮，颜值高，有时候也是一个机会，一张通行证。而最笨的人，他出门闯世界又会遭遇什么呢？当然是千辛万苦的艰难。不过，这都不算什么，因为你终会遇到一条知音，总会找到一条适合的路，终会找到自己！

年轻人，你缺的是人品！

我做媒体的时候，有个朋友来找我，说是有个安徽餐厅做皖南菜，很不错，想请我帮忙宣传宣传。作为朋友，我答应了。

他带我去吃，见了老板，老板是个光头，人很逗趣，也挺文艺，菜也不错，有臭鳜鱼、黄心乌、青菜丸子、卤水鸭等，都是皖南特色。之后我写了一篇文章，将新派徽

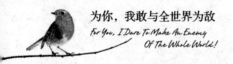

菜写得妙笔生花，格调极高，影响深远。之后，我又让集团旗下的周刊美食记者报道了它，采访当天，也只吃了饭，没有任何表示，回头记者就问我，有无消费券，我就转达了意思，朋友向老板一说，老板拿了一些美食券，我送给了那个同事，自己去都自掏腰包。

去过几次，但因为太远，就渐渐寥落了。后来他们新店开业，又想请我帮忙，我那时不做女性杂志，做财经了，而且，也已经开始创业。老板希望我能帮他多带一些朋友过来，于是，我就邀请了一些我当时玩得好的企业家朋友到餐厅，老板开了一个包房，热情招待，菜很丰盛。

我和这个老板关系不错，人挺靠谱，最常说的话就是，他们刚起步，如果做大了，会好好支持我。因为我那时候刚做财经杂志，他在杂志上登过一次广告，几千块钱，但也算不错的支持了。

再后来，他们餐厅搞过一次老乡聚会，邀请我去，见到了他的合作伙伴。他们是广告公司，因为想念家乡菜就合伙开了这个餐厅。那伙伴只见过匆匆一面，我没有印象。

再再后来，这朋友就回安徽了。一次，我一个姐姐打电话给我，说是有个高端女装的老板请她吃饭，在著名的私人会所紫荆会，邀我一起。我去了，在座的就有这个老板的合伙人公司的一个小姑娘，很波西米亚，文艺青年小资情调，说她就是做品牌策划的，也能写文案。姐姐的意思是，我当时刚创业，将大家都召来，看怎么帮这个女装企业。饭吃到三分之二，我大学同学从合肥来，我就提前撤了。留了老板的电话，但后来换手机，电话也丢了。

我那时候都出了好几本书，有许多女性粉丝，也经常做活动，策划、文案更是我非常擅长的，但这个女装老板并没有找我。我觉得很奇怪，但也不好主动。直到后来有一次，姐姐告诉我，那个朋友的合作伙伴某某说我坏话。我说，我有什么坏话好说呢，再说我又和他不熟悉。有点生气，但也没追究，因为此生也不会和他有什么交集嘛。

后来他们餐厅改名了，也扩大了，在欢乐海岸、海上世界都有。而之前那老板，老在安徽，总也不回，总是在我朋友圈点赞，问他什么时候回来，总说暂时不会回来。2015年2月14日，在欢乐海岸做演讲，好朋友请中午饭，吃的贵州菜，好朋友说这家皖南菜设计不错。我说是的，我认识他们老板。5月20日，一个做珠宝的老板请我吃饭，去了海上世界的这家餐厅。我想到了那老板，只是已经没了感觉，以前还能自豪地告诉人家，这是我朋友开的，现在觉得很陌生。

　　大半年后，我在网上又碰到那个老板，他还在安徽。说是不会回深圳了，和他们解除合作关系了。然后，我也是心血来潮，将之前他的合作伙伴诽谤我的事情告诉了他，我说，你的那个伙伴不厚道，居然说我坏话。他说："兄弟，这人人品不好。所以我才离开的，只要和我接触的他都乱说，老乡中的败类！"我一听释然了。

　　而我也大概能猜出他为什么要说我坏话了。因为那个姐姐将我们都介绍给女装老板，他是广告公司，我是文化公司，但因为有个作家身份，看起来像个个体户。其实本来我们可以合作的，但他可能觉得我会抢他的生意，这完全多虑。因为我的作家身份，压根不会主动去拉这个业务。就算女装老板给我生意做，我也只能负责文案，设计之类的还得找他合作。而他为了将我这个潜在对手打下，居然编造谎言——后来得知，他们确实合作了。而我还傻傻地和他公司的小姑娘说，有机会大家一起合作。

　　有一次我陪太太和二姐、小妹去宝能太古城，二姐就看中了那家店的女装。我心想，这老板和我吃过一次饭，但又想，那又怎样，然后想到这店我就又想起了那个人。

　　不过，一切都没关系。对于人品不好的人，自然有人会收拾他。他诽谤了我，于我也没任何损失，而他失去了最重要的合作伙伴。世人不都是傻子，你不厚道，别人总会知道，玩不起，躲得起。

而这个故事和年轻人有什么关系呢？因为听朋友说，这个朋友年轻时就有点不厚道，只不过那时他没在意，想着合作广告公司的时候都没大事，就继续合作了餐厅，没想到在合作餐厅的时候，他的人品问题就暴露了。所以，看人，还得从年轻时看起。

而我遇到的一些年轻人，也是不够厚道。有的对你吹捧，热情无比，但转脸，可能背后就是另一副面容。跟随你的时候低眉顺眼，极尽能事，不合作后，就开始锱铢必较，推卸责任，这样的年轻人是可怕的。我不计较，但却永远不会再相信你！

年轻时一定要去远方

2004 年春天，我踌躇着要不要去上海。其实也不是踌躇，因为已经决定要走，很久以来就想走，刚好有个机会。只是，真要走时，心情有点复杂。我内心已做好了准备，和单位领导请了假，但是，我毕竟从没离开过安徽，最远

就去过合肥，还只是求职的时候去的，待过几天，对上海完全不了解，我怕去了适应不了。

那时的我，贫穷，寂寞，内向，缺乏市场意识，不擅交际，除非是自己喜欢的人，认可的人，欣赏的人，否则很难有许多话题。而且，我比较自卑，觉得自己不帅，瘦弱。像上海这样的地方，都是强者生存的地方，帅哥美女会比较吃香，好混，我去了，没人理怎么办？

我当时真是这么想的，因为看多了关于上海的影视剧，文学作品里也塑造的都是十里洋场，那里适者生存，像我这样的柔弱文学青年，去了能干什么？然而，我骨子里对远方的向往，对上海的渴慕又让我非常想去。我走到平日常去的电话厅，给爸爸打了一个电话，爸爸说，去吧，有更好的机会当然去，小城市混个啥，还是大城市有发展。再说，哪里的黄土不埋人。妈妈则是担心，怕我丢了稳定的工作，去上海吃不上饭。我内心还是有纠结的。

电话厅里有本《读者》，里面好像有篇文章，谈到远方的诱惑，鼓励人们追逐梦想的。用现在的话，就是励志。我看了，热血沸腾，内心给自己一个决定，还是要走的，还是要去的。我告诉电话厅的老板娘，我要走了，她是个30岁左右的女子，听了我的事后说，对自己有信心一点，能闯就出去闯一下吧。几天后，我带了几件简单的衣服，坐了汽车，就从亳州去往上海了。

现在回想起来，我内心的纠结主要是我对上海不了解，如果我是在上海读书，如果我学生时代就出去旅游，我想，我会更有自信一点。而我当时的犹豫也是正常的，毕竟要去的地方你茫然无知，未来会怎样更是个未知数，因此，会有犹疑。那篇《读者》上的文章多少坚定了我的决心，而那个老板娘的话也对我有鼓舞。这么说是不对的，我一定是早就确定了要去的，我只是需要一个理由，需要更多的支持的声音，告诉我，去是对的。

后来熬过了很多年，才有了现在的我。当然，此刻的我无所畏惧，但当年的我也值得鼓励。要知道，我就读的学校普通，虽然发表了很多文章，但当时的我实在不活泼，不会表达自己，外貌、服饰上也不会修饰自己，看上去就是一个流浪者。我哪来的自信去上海呢？

我一个朋友，说她有个同学在深圳，住城中村，奔波劳累，失业，换工作，还没在家舒服。还说有一个在北京，住地下室。她比我高两届，是我的老乡，师姐，我去咨询她的意见，我说我想去深圳，她说深圳哪有那么好混，然后就说了上面的话。她说深圳竞争激烈，到那只能受苦。

我一听这话，也担心衣不蔽体食不果腹，担心生活苍凉，
便决定先不去深圳。

那是 2002 年，我还没毕业，但已经在为未来做打算，
我当时想的是，如果找工作不顺利，就离开安徽，直接去
深圳，走一条与众不同的路。然而，师姐阻碍了我的梦。

2004 年，我在亳州待得要窒息了。我还是要走。这次，
不管外面多苦多累，我都要去，因为我知道小城市复杂的
人际关系不适合我，才坚定了去外面的世界。只是，深圳
实在没任何熟人，刚好上海有个电影杂志招人，便去了上
海。

　　2005 年春节后，我从上海搭乘火车到深圳，那时候觉得深圳是个冒险家的城市，我来到后会遇到什么，全然不知，但只能来了，因为我那时候只有这一条路。七年之后，我成为这个城市年轻的情感专家，各路人马也都见识过，想想也没什么。当年那么害怕，当年以为深圳都是富人的世界，帅哥美女高学历人才的世界，像我这样淳朴内向的人应该没市场，没想到，这些富人、帅哥美女却向我倾诉情感，寻求我的帮助，欣赏我，佩服我。

　　2015 年，我高中时代的"女神"来深圳，她问，你是怎样敲开深圳的门的，从来没人问过我这个问题，一般人都问你是怎样成为情感专家的。在"女神"看来，敲开深圳的门很不容易。确实不容易。但是，我没怎么敲，也完全不知道怎么敲。我只是往前走，从没想过投机取巧，也根本不会那一套，我就一直往前走，然后，人们就认可我了。英雄不问来路，你到了，你就是英雄。不管过去多胆怯，如今你是大英雄，这就好。

　　也许，每个人的未来都有这样的可能，只是，在出发以前，你是无法确知的。而你唯一需要的，是给自己足够的勇气，去追梦的勇气。

什么样的人才可以逆袭？

他是一个 90 后。

他是忽然闯进我的视野的。

某天，我的助手说有人在后台留言，想和我合作。我让他加了我微信。说是有一个公众号，有几十万粉丝。我说好。加了后，并无确切合作，我还想着，这人怎么这样呢，特不靠谱吧。然后就把这事忘记了。

后来，他忽然给我留言，说要来广州，拜访我。我说我在深圳。他说好，他会过来。我看他的名字，以为他是个中年人，最起码也是三四十岁吧，因为他做的公众号是女性号，我想也许是武汉某个媒体人，传统媒体衰落了，自己做的公众号。没想到他出现在我面前的时候，却是一个非常年轻的人，年轻得脸上都是青春痘。

他瘦瘦高高，穿的是 T 恤和牛仔裤。很抱歉我不记得具体是什么颜色的 T 恤和牛仔裤，我对穿戴、着装等细节都非常不敏感，过后就忘记。但我还记得他给人的感觉，乍一看，还以为是一个 90 后屌丝青年。但当你深入了解他后，你会发现，这完全是错觉。

他此次来广州，是专门拜访老师，学习考察的，然后中午来到我这里，吃了简单的午餐，边吃边聊。他说他是四川人，高考毕业，没考好，父母想花钱让他上个大学，但他拒绝了。他说男人要有志气。于是，有志气的他因为舅舅在武昌打工就到了武昌，一开始是在工厂做模具，后来上了很多培训课，所赚的工资都交给了培训机构。公众号兴起的时候，他就做了这个公众号。

我听到这里，不禁觉得震惊。我做了十几年媒体，女性杂志做了四五年，还写了十几本书，上了那么多电视节目，粉丝也很多，但我的公众号却一直没做起来。而他，完全没有任何女性传媒经历，一个从来没研究过女性文化的毛头小伙子，却将粉丝做到几十万，这简直让我不可思议。

于是，我问他，你是怎样做到的？

他说，开始的时候，没想过会盈利赚钱，就是凭兴趣去做，靠毅力坚持。"开始，自己不会写文章，就去网上找文章，整理、编辑、合成。"几乎要花一天的时间在公众号上。我都能想到，他有可能是大量地阅读，甚至将一

些感觉不错的文章，整理成一篇，然后发到平台上。他说一开始有朋友关注，然后分享，后来关注的人越来越多，"也许是赶上了潮流！"他谦虚地说。

现在，他的平台有四十多万粉丝，每个月广告费都有二十几万。欧莱雅、DR等大品牌都主动找他投放广告。他说他的号在全国可以排百强，在女性里品牌较好，很多第三方新媒体检测都显示，这是个有品牌效应的公众号。江苏卫视的节目《最强大脑》有一次请范冰冰做嘉宾，软文广告就是在他那里发的。他有几个供稿人，其中一个给湖北广电写人物采访，他向人家要到最高的稿费，作者都感叹他好牛，因为他是先拿到钱再交稿子。

他说，他希望将更多的利润分给老师们，甚至，可以将平台分成几块，给各个专家主持，所得收入都可以给老师；而他想要的是平台。他说他感觉自己的平台还不够大，所以还要继续努力，让粉丝再快速增长。他未来的规划是，做女性品牌、服装、会所、课程等，甚至电视节目，我说了我最近在做的电视节目，他很兴奋，说未来要和我合作。谈话的氛围很好，不知不觉两个多小时过去了，他要去见另一个年轻的写作者。当时下着雨，他依然不改行程，风雨兼程。

他说当晚回武汉的，但后来又去了东莞，也是为了见作者。他见过许多大佬，圈内几个有名的写情感的作家他都拜访了，但未必都合作，比如武汉有个情感专栏作家，他喊她姐，但他说她的文章不合适。怎么不合适呢？那个作者写了十几年情感作品了，各大杂志都横扫一遍。但这个年轻人有他的判断。

包括我。他很欣赏我，慕名而来。但接下来的两三个月里，我们一直没有真正开展合作。他一开始说是可以给我开专栏稿费，后来说是忙。但他却在发其他一些人的文章，一些不知名的作者的文章，和一个自己做公众号，名气不错的作者的文章，但是二手文章，很旧的文章。我想，这小伙子在想什么呢？为什么要发那些很旧的文章呢？难道是有合作，互推？我知道那个作者很会营销，总让他多发她的文章，我也知道她最近火。但，我的情感文章不是更合适吗？

我这人的风格是，如果你热情我会很热情，如果你不热情我就会冷淡了。因此，在两三个月之后，我们还没有深切地合作，我就渐渐将这事放一边了。但他却在某天找我，说他想跟我合作，只是不知道从哪里开始，我说可以从情感问答和情感专栏开始，然后他说他招募了一个员工，

专门写情感问答。我说我看了，是个年轻人。他说她一直想跟他一起做事，他因不好意思就答应了。我说好，但也不妨碍你跟我合作。他说，他感觉到自己还很小，不知道该怎样跟我这样有名气的人合作，只能先从简单的合作开始。

简单的合作是什么呢？

我到现在也不知道。到现在我们也没有开展具体的合作。但这不妨碍我欣赏他。你想，一个90后，平民出身。本来，父母花高价让他上大学，这个放很多人身上，他们都干了，但他没干。

在工厂，很多人赚的工资都会存着，买房，结婚，而他却都用来上了培训课。他编公众号，一天发四五篇文章，却要用一整天去编辑，而我十分钟搞定三篇文章。我问他真需要那么多时间吗，他说是的，要调整字体、行距、音乐、图片、色彩，难怪他的粉丝多，他用心嘛。

他19岁出门，如今24岁，在年轻人都乱泡妞，乱"约炮"的时代，他拥有几十万的女性平台，却单身，因为他忙着工作，创业。

他已经买了自己人生的第一部车，全部靠自己。我看他拿到新车在朋友圈发的感悟，觉得他很有出息。

他去广州、深圳、厦门拜访专家、作家、公众号大咖，取经，学习，每个月都出门几天，如此爱学习，所以他的平台一定很有前景。

而且，我能确实地感到，他对运营这个平台有自己的思路和想法，比如，他最近做的气质女人评选，比如，他发什么文章，不发什么文章，也许都在他的掌控之中。

这是一个成功者的必备素质——有自己的想法！

毫无疑问，他是一个有想法的人。

对于那些抱怨没有机会的年轻人，他是一个非常好的榜样，他没有背景，却做成了一个大平台，武汉所有的媒体都报道过他，他的公众号一天的阅读量是武汉所有报纸加起来的总和，他就这样逆袭了。

而你呢？还在抱怨生活吗？与其期待上天的恩赐，不如自己努力逆袭。

最艰难的岁月，让人生变得美好而辽阔！

曾经看过一个专题，你生命中最艰难的那一年是什么样的？有好多人写了经历，我记得一个姑娘说，她失业了，

一份面分好几顿吃，她在上海。我也在上海待过，我以为只有我艰难过，原来每个人都这么艰难过，岁月不曾饶过任何人。

我在上海的生活，其实也蛮艰难的，本来就只带了200元上路，到那里买点生活物品很快就没了，早餐就是最便宜的包子，半个月后，只有几十块钱了，可是，杂志社附近最便宜的饭也是永和豆浆了，随便一个饭都十几二十块。有一家炸酱面馆，最便宜的是十二，我吃过一次，很好吃，但后来不敢进去了，因为只有十几块钱了。

屋漏偏逢连夜雨，不久，钱终于花光了，因为感冒了，又拿了一点药。刚到上海，人生地不熟，新同事也不可能问人家借钱。打电话给家里估计我妈会哭。会说，你回来吧，回来当老师吧。我不敢打。一天两顿饭，本来就瘦，这下更憔悴了。最后，是我那一点微薄的稿费救了我。终于赚了几十块钱，可以让我撑到发工资。

另一个小伙子说，他当年在国外，求学，寻梦，过圣诞还是过除夕，一个人走在街上，忽然觉得好无助，举目四望，全是陌生人。陌生的异域，陌生的文化，他感觉怎样都融不进去。他想妈妈做的饭菜，打电话给妈妈，妈妈一句"你回来吧！"他便放弃所有，回来了。

其实，艰难人人都有。我有一个很自负的朋友，做着生意，开工厂，餐厅，业余还做做情感专家。某天，他跟我说，人生都有艰难的时候，再牛的人都有艰难的过不去的坎儿。我想，他的艰难是什么呢？他没说我也没追问。不过，那一刻，我忽然对他产生了好感，因为他这句话让我觉得他也经历了艰难，不是平素那种目中无人的感觉。

艰难是我们的历练。如果没有艰难，你就无法看到生命的强韧，强大和无限可能。

艰难，有时候也是转机。在艰难的最低谷，你会看到天上的繁星，天台露出一线曙光，你会看到生之希望，然后，你会逆光而去，踏上新的征程。

再牛的人都有艰难的岁月，低落的年华。比如，周杰伦，被吴宗宪发掘的他写了很多歌曲，但没一个歌手要唱。直到某天，吴宗宪说，如果你能在10天时间里写出50首歌，我就帮你挑出10首出唱片。他真的写了，吃了10天方便面，写到流鼻血。后来就有了第一张专辑《JAY》，大火，周杰伦的时代来临了。

而前几天看《中国好声音》，周杰伦透露的一个旧事更让人唏嘘。他说当年他在餐厅弹琴，无人问津。有一天，看到哈林庾澄庆走进餐厅来了，他想吸引哈林的注意就弹

了一首哈林的歌曲，没想到哈林压低了帽子，根本就没看他。那时候不起眼的餐厅打工者，今天和哈林一起做导师，提起这事，让哈林都不好意思。

"一百块都不给我！"周杰伦开玩笑说。

可是，时光给了他一个"周杰伦时代"，这是最大的逆袭吧。

你呢？你人生最艰难的那一年，你在做什么？

我记得我最艰难的时候还是窝在卧室里看书，因为我要当作家，我必须当作家。其他的事情我不会做，做生意我不会，也没兴趣，我只能看书。我不想因为艰难转行，也不会因为艰难丢失自我。我知道，我会做什么，能做什么，一直知道。饿着肚子，饥寒交迫，都依然知道。

你人生最艰难的岁月，最低潮的时刻，谁帮过你？

我好像没谁帮过我，但我挺过来了。所以说，最能自救的，还是自己，你才是自己的贵人。

你那么倔强，怎么走四方？

人都说年轻人应该有一些倔强和固执的性格，在该任性的年龄如果不做一些任性的事，那是非常不符合年轻人特征的。比如，年轻时怎么都不听话，非要去远方，明明可以在熟悉的城市上学，但偏要跑到很远，明明可以安分工作，但偏觉得过不下去，看不惯，挺不爽，想去远方看看，世界这么大，而你只憋在小地方，这是多残忍没出息的事情啊。

比如，父母让你找一个不错的人家，结婚生子，早点步入人生的正轨，但你偏偏想继续等那个你喜欢的人，你为他痴心妄想，为他朝思暮想，为他变成自虐狂。你倔强地以为，全世界只有他一个人值得爱，只有他一个人可以爱，殊不知，那不过是你的一厢情愿。

再比如，明明知道和一个朋友闹掰了，是自己不对，自己的错，但就是不肯去道歉，不肯认输，不肯服软，不肯示弱，远走高飞，或者擦肩而过，躲得远远的，绝不相认，这是青春的傲娇与笨拙。

但是，不管怎样，如果是少年时候犯这些错，都不算错，因为那时年轻啊。年轻就是毫无顾忌，一心只想着自己认准的事，十头牛都拉不回来；年轻就是毫不知反省、后悔，一后悔你就老了。年轻就是用来犯错的，如果不犯错，怎么知道什么是对的呢？如果不错，怎么有教训让你以后回

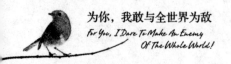

味反思呢？

　　但是，我们也遇到一些人，他们年龄不小了，四五十岁了，还那么倔强、任性，这就太不可思议了。当然，这部分人有自己的人生哲理，比如，他们会说，我活了三四十岁，难不成还为你委屈？我可不想讨好任何人，我没有这个闲情。他们之所以有这个感想，大多都是因为已经知道了人生不过如此了，再努力又能怎样，他们的事业、才华，也就到顶了，没有多少上升空间了，也就认命了。一个人一旦认命，他也就真的老了。

　　所以那些老人会说，我够吃够喝，图个舒坦，其他人不理我的，我也懒得理他。人家不热情，我何苦热脸贴冷屁股，我才没那么卑贱。于是，他们越发任性。再不讨好任何人，再不肯委屈自己，很多人得罪了，很多事情错过了，很多机会溜走了。他们真的只剩下他们自己了。

你如果年轻的时候不倔强，说明你老了；你如果年老后还倔强，说明你幼稚。你这么幼稚、任性、倔强，你怎么走四方呢？怎么开拓辉煌的人生呢？

朋友万千，知音却只有一个！

写了一篇关于学生时代的好友的文章，写得很长，意犹未尽，还想再补一篇短文，以抒我心中对知己的渴望与珍爱。

我曾经有个朋友，未曾和我喝过酒，吹过牛，泡过妞，一起吃饭的机会都很少，大学四年，似乎都是他帮助我比他多。

刚开学，我因长跑导致低血糖，晕倒了，是他呼唤我，陪我回宿舍，给我沏红糖水。之后，我们熟悉起来，成为朋友，但不在一个宿舍。上课离得很远，下课我独来独往，一般也不特意去找他，皆因他是一个特别朴素的朋友，下课就去食堂吃饭，也很少去娱乐，而且和他们寝室的人一起比较多。我独行惯了，吃饭也不按时间，因此有时候很难碰到他。

我有烦恼的时候，会去找他。在他的宿舍，或者校园的角落，畅聊好几个小时。我那时喜欢一个女生而不得，郁闷之心，写作也无法消解，只有他耐心听我倾诉，从不嫌烦。他鼓励我，勇敢表白，拿出男子汉的勇气，又说，只要对方没结婚，都可以紧追不懈。

他是唯一我借过钱的人，而且没有丝毫居功自傲。他不是富二代，也是普通人家，但比我那时好些。我主要是弟弟结婚花了好多钱，父亲的生意不好做了，我靠稿费吃饭有时候难以周转，青黄不接，过渡期便去找他，这种周转应该有四五次。

他对我没任何要求。我记得，我们唯有的一次吃饭，应该是我拿了稿费，说要请他，他说不必了，省着点花吧。拗不过我的坚持，最后和我一起去了，没怎么点菜，点的也不贵，吃饭回宿舍，君子之交淡如水。

他只对我提出过一个要求，就是我回家的时候，帮他带一小段芦苇过来。那是阳春三月，芦苇刚刚生长半膝高。我拔了好几截，送给他，他用来吹曲子，仿佛送了他一整个春天。

后来就毕业了。我蜗居亳州的时候，一直给他写信，他一直鼓励我。后来我就去了上海，然后深圳，我们很少联系，到现在都没见过。主要是他用网络少了，大家又不在一个城市，以前聊得稍微多点，后来就好久没碰到过他上线。渐渐地，也就不怎么聊了。

前段时间，某中文网邀请我去马鞍山讲课，我本来要去的，后来家里有点事走不开，就没去，他说要去一定找他。他本来在定远，现在到了蚌埠二中，我知道后很替他开心。然后，我们又大隐隐于网络了，好像不热切，但情谊一直在。

我现在也算梦想成真，他祝贺我事业有成，只有我知道，我不过刚起步，而且，其中甘苦可想而知，没啥好骄傲的。他只提过事业一两次，更多的时候，他劝我早点结婚，搞定终身大事。尤其是在前几年我漂浮不定的时候，这种关心才是真正的关心：别人只关心你飞得高不高，只有他关心你是否结婚生子——这才是头等大事。

我知道，这才是真挚的友情，没有欲求，没有要求，不功利，至少他对我是这样。我对他也没有。他是大学时代最懂我的人了。但我却好像没给过他什么，也许，这是友谊长久的秘密：无功利性。

现在，找我的人很多，来来往往，要么合作，要么倾诉，总之都是合作或求助，有目的的来往较多，想找个人聊天都难，想找个人畅叙友情更难，所以只好写作。所以，我

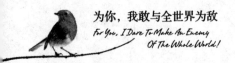
现在倍加思念那时对我无欲无求的他，只是万水千山，很难相见。

而朋友，或者知音，真的难求——不光我，据说，大画家毕加索就很渴求知音。毕加索是大富翁，晚年却非常孤独，没有什么朋友，因为来的都是有求于他的。或为他的名，或为他的钱，或为他的画，还有为了钱；只有一个安装工不图他的钱财，他为毕加索安装门窗，陪他聊天，毕加索要谢他，送他画，他居然不要，说不懂。不懂可以卖啊，但他不卖，不要，后来毕加索硬是送给他，他后来就给捐出去了。这真是老实人，毕加索说，"你是我真正的好朋友！"

毕加索遇到那个知音时已经 90 岁了。而我很幸运，我在二十几岁的时候就碰到知音了。

所以，我会倍加珍惜，那个难寻难觅的知音。

真正让男人变帅的东西是什么？

有一天搜资料，不小心在百度上搜到许多我过去的照片。我看了一下，大概是 2005、2006 年刚来深圳那两年照的，都是早期的照片，那时候没什么钱，也不会收拾自己，但是，居然敢拍照片，而且，那时候怎么就不怕丑呢，现在看，这样的照片压根就不该被拍出来。

比如，有张照片，是我在莲花山上照的，背景是邓爷爷，后面有一群人，但都面朝着邓爷爷，也就是背对着我。我戴着眼镜，穿着白色的发皱的衬衫，纽扣扣得严严的，外面套了一个古铜色的外套，有点发白的牛仔裤，皮带是黑色。这张照片，看起来像是四五十岁，虽然那时我的脸比现在胖一点，额头纹应该是少一点，但整体看上去，这照片却像二三十年前的人，完全没格调，没有风格，那天我好像和一群女生去爬莲花山，我觉得我这个样子很难吸引到漂亮女生。

另一张还比较好一些，在海边的公园，我穿着白色衬衫，光线非常好，照片只照到上半身，看不到裤子，双手背在后面，靠着立柱，人很温暖，有阳光的帅气。到底是年轻，看起来也是纯粹的快乐。那天是和同学去的，整个人应该是挺开心的。

但同一天照的另一张则就完全不同了：白色的衬衫，纽扣只扣了下面两三个，上面两个都没扣，敞开了胸怀，双手插在口袋里，又没完全插进去，牛仔裤还是浅灰色的。

我对着阳光，眼睛大约受了刺激，有点睁不开，整个人看起来睡眼惺忪，眉头有纹。这照片整个一个傻、蠢感觉，没有方向的迷茫。

往前翻，看到一张白衬衫搭配黑西装的照片，胸前挂着工作牌，是在会展中心文博会现场照的，当时我在某设计网站工作，背景是设计墙。这张还好，除了头发有点乱外，其他都还有点时尚的感觉，最起码端庄了。

另一张是2008年拍的，白衬衫，灰羊毛衫，黑色西装，牛仔裤，白色的鞋，在三亚博鳌论坛照的，背的是绿色小包，耐克的。那年是做单身旅行，彻底地放松，完全抛开一切羁绊，这时的自己已经有了一些自信，因为已经写了不少专栏，对职场还是有归宿感的。

同样是这场旅行，万泉河上漂流的这张却很让我喜欢。灰白相间的衬衫，领子很挺，套了西装，穿上救生衣，服装基本都被救生衣遮住了。我坐在中间，后面是一望无际的水面，头昂着，短碎发，翘着嘴，一副很帅很拽的样子。那时候我很有孤高的气质，在这幅照片里也能看到，因为我总昂着头，像张爱玲一样。

而到了2009年就更不同了。那时开始喜欢领带，尤其是小领带，头发开始打发蜡，比如这张，灰色的格纹衬衫，黑色的领带，戴着眼镜，在景田北路边照的，笑起来露出牙齿。真的很年轻，很帅气哦。关键是那种心态，看起来没负担。那时候和一个美女演员去办了一点事，然后在万科金色家园后面的粥馆门口坐着，吃烤红薯，喝饮料，手里拿着杂志，拍了好多照片，这张是后来去莲花路在景秀中学围墙边照的。

还有一张是在眼镜店照的，同样的服装，但正面向前，头微微38度上扬，那个角度，看起来我眉目清秀又阳光帅气，脸型和五官都搭配得非常好，完全看不出任何缺陷，整体非常和谐。眼镜店老板很喜欢，发到上海一个女性网站上，他们对我做采访，配了这照片，好多女生喜欢，说是像一个明星。这张我真的好喜欢，之后还作为QQ头像。神来之笔，以后都没有过，因为不再那么年轻了嘛。

再之后就到了现在的我，热恋，结婚，换工作，辞职，自由写作，讲课，录节目，签售，不断地曝光，开始有自己的专属造型师，有男装赞助，做节目要造型，人有了自己完全的风格，喜欢明亮、温暖、清爽一点的，不再穿纯黑纯灰的上衣，因为觉得不适合自己，头发也不敢再高竖，因为觉得太夸张。

有造型师建议我留长发，然后卷一下，我觉得还蛮适

合我的。她说这是最适合我的发型，因为我额头饱满，好看。我听了心花怒放。从来没觉得自己哪里好看，只我太太多年后告诉我，她觉得我的耳垂肥大，好看，而这个女生，她说我额头好看，我想她不是故意恭维我，就算是我也非常喜欢。

总之，现在看自己就顺眼许多。我不是大帅哥，向来不是，如果和金城武、王力宏比的话。但帅和帅气是两个截然不同的概念，好比张学友、陈奕迅，人家都说他们不帅，可我觉得他俩好帅气，喜欢得不行。我现在就有了这种帅气。关键是我和自己比，我确实一天天好看起来了，帅起来了，岁月渐老，而我还能变帅，这不是挺好的吗？

感谢岁月，给了我现在这张脸，它不是天生的，是我后天塑造的，包括经历、阅历、积淀，以及岁月带给我的那份沧桑，当然，也有我的坚持和我不断地阅读，不间断地修炼，从内到外，就有了现在的这个样子，通透，开朗，达观，自信。父母给了我一张脸，我终于让它变成了另一张脸！

第二章

如何度过人生低潮期？
才华是最好的通行证！

世界上没有绝望的处境，只有对处境绝望的人

最近，在江苏卫视《蒙面歌王》的半决赛现场，我见到了黄小琥。她是一个有力量的人，这是我第一次见到黄小琥时的感受。而且，在了解增多了之后，还加了一点，坚韧。

总决赛 8 位歌王，分四组 PK，黄小琥和曹格被淘汰了。我在评论的时候，将丁当和沙宝亮评为最让我震撼最经典的一对搭档，认为黄小琥和曹格不搭，播出的镜头上，我看到两人都很吃惊，曹格更有点激动。有网友说，我这样说太不给面子了。其实，不是不给面子，是就事论事，当时他俩这个组合就让我觉得有点不伦不类。因为黄小琥给我的感觉是经历了岁月的淬炼，沧桑之后有温暖的胸怀，很像圣母玛利亚，是一种母爱的厚重和慈祥，一种安详和高度安全感。而曹格像个野孩子，爱哭爱闹爱笑，性格任性活泼情绪化，他俩就如齐天大圣与如来佛，做情侣搭档唱这首歌，显然不合适，如果他俩演绎《东方之珠》，我想那种感情和情愫都会比这歌好。

其实他们唱得很好，只是在抱团 PK 的时候，相比之下，观众会选择丁当和沙宝亮的《为你而活》，因为那是爱的感觉，还是撕心裂肺，天摇地动，无比激烈，山无棱，江水为竭，那种绝望深处的爱，被他俩唱绝了。之所以有这个效果，主要是他俩都是一首歌红了之后就被忘了，多年煎熬，内心有流浪与挣扎，爆发起来才如此震撼。

不过，不管怎样，黄小琥是歌王。只是这歌王也来得太惊险刺激，第八场刚刚称王，第九场刚开场以特别方式摘下面具，接着就被淘汰，有观众说，对比太强烈，心脏受不了。也许大家都会觉得黄小琥很失落，但黄小琥说，她会一直唱下去，不管有多少人，不管在哪里，只要是舞台，她都全力以赴，像是最后一场演出。她说："那一刻感到意外，你说惊吓吗也不是，惊喜吗也不是，就卡在惊吓和惊喜中间。"但她并不难过，相反，她感恩这一场音乐之旅，让她发现另一个自己，发现不同的状态。而且，她看到年轻人成长，感到开心。

巫启贤说："黄小琥能和全场观众、管乐手、乐队高度融合，只有'千年老妖'做得到！"这是非常高的评价，只有修炼到千年老妖，才能淡定自如，一得一失全都看淡，

这是久经沙场的历练，这是岁月的馈赠。如果不是这样，黄小琥也唱不出那么深情的歌，比如，让她夺冠的《被遗忘的时光》；再比如，她的代表作《没那么简单》。我记得，我第一次听《没那么简单》的时候，我觉得它是一首简单的歌，没有太多的炫技，也没有华丽的辞藻，就像一个女人在自言自语，独自喝酒，享受自己的时光，那份淡然，正是人生沧桑之后的平淡，是最好的状态，通透，了然，仿佛高手作文，已经不需要辞藻华丽，不需要渲染，就已经到了平和淡然的高度，就是炉火纯青，这是怎样的境界？

我曾经在美食爱情畅销书《恋上你的味儿》开篇写过一篇美文——《独自喝酒的女人》，写我一个朋友热爱红酒最终弄了个酒窖、下雨天在阳台喝红酒的情形，里面的状态和黄小琥的《没那么简单》很像，一杯红酒到天明，舒服地窝在沙发里。我比较欣赏这样的女人，欣赏黄小琥这样的歌者。

这是一个女人最好的年华，最智慧的状态，也是一个人历遍繁华之后的淡定从容。可是，要达到这个境界，中间得经历多少苦难和撕心裂肺，你知道吗？

黄小琥不是大美女，虽然歌者主要靠声音征服听众，但在一个功利世俗的世界，人们还是更希望看到一个绝色美人唱着动人情歌，就如许茹芸刚出道时，化妆师会想尽办法调整她的脸，摄影师费尽心思帮她调光，艺人的颜值是粉丝膜拜的基础。就如沙宝亮戴上面具就是男神，而摘下面具，大家就觉得还是"流浪者"帅气。对一个颜值普通的人来说，想要功成名就，恐怕要比别人多吃许多苦，"我等了八年才有一张新专辑，所以我久久没有办法忘怀那一段被遗忘的时光。我很清楚当一个歌手站在舞台，然后唱着别人的歌，都没有自己的歌的那种辛酸。"

1990 年，黄小琥发行了首张专辑，凭一首《不只是朋友》，获得第二届金曲奖"最佳新人奖"以及"最佳录音奖"。就在她事业刚红火时，她却遭遇了爱情危机，身陷情感困境，不久又面临歌红人不红的窘境，就这样，她一个人孤独地过了好几年。无奈之下，黄小琥只得重回出道前的 PUB（酒吧）道路，又唱了好多年，直到《没那么简单》让她大红大紫。然而，此时她已过了年少轻狂的年纪，如此爆红让她不是疯狂，惊喜，而是淡定。也许成名晚就是有这样一种缺憾，你无法体验那种少年得志的猖狂和膨胀，难怪张爱玲说出名要趁早，晚了就不好玩了。但出名晚也有好处，就是你是靠才华出名的，你一步步走过来，你会走得更稳更远。

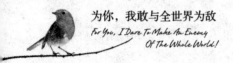
　　黄小琥说，"因为从我一出道，我就一直都是戴着面具的艺人，大家一开始都会觉得黄小琥到底是男生还是女生？我不是那种美女牌的，我也没有长发飘逸，也没有很好的关系背景，我的声音是唯一能够支撑我的。""每次上舞台我都再一次在心里面想着那一段被遗忘的时光，告诉自己一定要珍惜每一次表演的机会。"这种经历让我深有同感。不是帅哥，没有背景，文字是我唯一敲开世界大门的钥匙。我特理解黄小琥的心情，因为我们是同一类人。

　　黄小琥说过一个细节。有一年，她出不了专辑，妈妈拿出钱要帮她，这种母爱也让她倍感珍惜，永远支持你的只有你最亲的人，就如我太太会说，要不我来买你的书吧，让你上榜。但我怎么能忍心她这样做呢？粉丝只会在你红时捧你，而亲人却在你低谷时候挺你，这是本质的区别。

　　如今，黄小琥将过往一切都看得很淡，一切该发生的都会发生，不早不晚，属于你的也终将到来，你只需耐心等候。她将过去的经历都当做力量，酿成美酒，品味岁月的醇厚，过去的那些心酸与委屈如今看来都是她的创作素材，是她饱满歌声的佐料，因此她感谢那段被遗忘的时光，那一段戴面具的日子。正是因为有了这种心态，她才会来参加 PK，她觉得自己永远都是新人，永远都需要学习，她也想继续挑战，"我觉得这样的一个呈现的方式就像在讲我自己，我戴上了面具，让大家听到最原始最感动的声音。"不管揭不揭面，无论是否称王，她都让人感动，她靠的是声音。

出道 26 年，黄小琥唱了几千场，生命的大半时光都给了音乐，享受并快乐着的她这样形容自己的人生，"世界上没有绝望的处境，只有对处境绝望的人。"

是的，黄小琥就是如此乐观的人，她时刻谨记自己的信念，不靠颜值，才能走得更远。

你没成功，是天赋不够还是不够努力？

电影《念念》里，阿翔学习拳击，想突破自己，成为死去父亲的骄傲。但无奈因眼疾，成绩一直不够好，教练责备他。他自己则非常努力，但还是被禁赛，他不服气，也不放弃，希望教练给自己最后一个机会，教练不肯，两人发生争执。教练说，你真想听实话吗，我告诉你，你不是不够努力，你压根不是这块料。阿翔听后，愤怒，失控，歇斯底里。

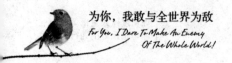

　　阿翔渴望成功，却面临一个问题——眼疾，这是后天的疾病，限制了他的发展，但是否就一定代表他不能成功呢？这电影我还没看完，所以不知道结果，但我知道，我有个朋友，她从小被判为没有画画的天赋，最后，她成了画家，还出了一本自传，讲述了自己成为那 1% 的画家的经历。

　　朋友从小画画，小朋友都画猫啊狗啊，小鸭子，小兔子，小鸡，她偏偏画蛇，因为她好喜欢蛇，可是蛇这种动物怎么画都不会好看，老师看了不仅斥责她，还不让她再画，因为吓坏了其他小朋友。

　　上了小学，人家都画色彩鲜艳的画，花朵啊，向日葵啊，理想中的祖国啊，村落啊，苹果啊，她却画那些野草，小虫，无人知道，也没人感兴趣，老师觉得她很奇怪。学校绘画比赛，她参赛了，是一只四脚蛇，可却被评委批评为瞎画，说蛇是没有脚的。老师还将这个事情告诉她父母，没有艺术积累的父母觉得她就是没有绘画才能，也跟着一起责备她。就这样，她画画的热情渐渐地冷却了，扔下了。

　　直到大三，她偶然在一个讲座上听到一个漫画家的故事，激发了她绘画的梦想。只不过，荒废了这么多年，该从哪里拾起？她觉得漫画是个不错的进入方式。但是，她所有的同学、朋友都觉得这是天方夜谭，因为一个毫无功底的人，怎么可能在二十几岁了还能成为画家？但朋友不服输，她买来了许多漫画书，还订阅了许多漫画杂志，她在草稿纸上画，在画板上涂，在电脑里天马行空，她想到什么就画什么，画得跟别人不一样。她发给漫画杂志，漫画杂志并没有刊登，石沉大海，杳无音信。只有一个美术编辑回过信，说她的画毫无章法，不协调，看起来不舒服。

她并不气馁，她将漫画上载到微博上，微信里，没想到却引起巨大反响，很多人跟帖，留言，说从来没看过这种风格的漫画，有点诡异，但又很真实，很生疏，但又好笑，他们被她的画深深地吸引了。就这样，她在社交网络上红了。然后媒体报道，那些漫画杂志、出版社都来约稿，她在半年之内席卷了漫画圈，原先说她不可能成功的大学同学纷纷表示，这是一个奇迹。

其实，对她来说，这并非奇迹，而是一个坚持和发现。因为你属于那1%，如果你不坚持，你就被湮没了，你再没机会出头。而你属于的那1%，是因为你性格与众不同，你的思维、想法、习惯，以及你的审美都和别人不同，你别致地创造了只属于你的风格，这就是1%的你。只是，这1%太容易被忽略。

我一个朋友说，这世界上只有 1% 的人能实现梦想，大部分都将在庸碌中度过漫长而又无趣的一生。但这个实现了漫画家梦想的朋友则说："我经历过很多个看起来只有 1% 概率实现的事情，但是我都实现了。有时候，实现梦想最需要的就是你跨出的第一步，没有实现梦想的，往往是不愿意为之付出的。"

这话说得很对。也许你还在为生活奔波，也许你还在为理想没有实现而难过，也许你还在为没有成功郁郁寡欢，也许你已经放弃了梦想，日渐变得麻木不仁，但我想告诉你的是，你没有成功，并不是因为你天分不够，而是因为你努力不够。

只有挑战自己，迈出那从 0 到 1 的一步，你才可能变成那 1%！

不要追忆过去的美好！

有个朋友写了一篇文章，说当年他和一个男生在笔会认识，对方是穷教书匠，睡一个房间，那人剪指甲的时候声音很细很小很轻，生怕打扰了他。他喜欢那时的他，两人成了朋友，喝酒，来往，清谈，畅叙。

后来那人升了官，发了财，再没有那么细致的举动了，浑身上下散发着飞扬跋扈和趾高气昂的气息。请朋友吃饭，在当地最好的餐厅，他上来就说，"你知道这一餐饭要花多少钱吗?"朋友完全没了胃口，再也不想见他。

我们都有过这样一些朋友，开始很好，后来就变味了。可是变味的时候，我们还难过，觉得遗憾、可惜，甚至觉得不能接受。多年后，我们才终于明白，原来，我们本来就不是同路人，只是在那个时刻，那个年代，我们有过一段时间的交汇，在交汇的时候，我们也算相知、相交，但过了那个时刻，我们就走向不同的路了。

朋友是桥，只能渡你一段，陪你一程。过了那一段，我们就各奔东西，你走你的阳关道，我走我的独木桥。这没什么不好。这也原本正常，只是我们都太痴，总觉得那一段路应该继续走下去，那种关系应该继续留存，这是多傻的奢望啊。

比如这个朋友的经历，也许那个人当年只是谨小慎微，他本质上并不是一个内心温润如玉的人，也不是温柔谦虚如君子的人，他只是在未得势时谦卑、胆怯。有些人是有这些特质的，人微言轻的时候十分谦恭，飞黄腾达的时候

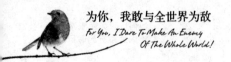
招摇跋扈，只是没到那个时候，到了就不是过去的那个自己了。

也或者，他当初和你不熟，才如此小心翼翼；也或者，他和你平等的时候，他觉得无所谓，糗一些也罢，尴尬一点也罢，人穷志短，顾不了颜面；如果他某日发达，你再让他回忆那过去的瞬间他就不乐意了。好比自作聪明的门子跟贾雨村叙旧，以为可以邀功，却让贾雨村恨得牙痒痒，找个机会立即将他打发走。当年的窘迫，是迫不得已，那时候可以忍耐，今日再提，无法回忆，不堪回首，你提，我就跟你绝交。

我就有一个朋友，当年我们同在一个学校教书，偌大的校园就我俩意气风发，不认命，他想考研，去上海，我想当作家，离开此地。我们有共同的目标。后来我还陪他一起准备考研，相互打气。我们一起对抗社会的残酷与庸俗，相互安慰，抚慰，面对学校的保守，传统，流言蜚语，人言可畏，我们相互鼓舞，做彼此最坚强的后盾。那时候，我们真心要好，真觉得有这样一个朋友人生是多么幸运。

后来，我等不及考研，提前辞职去上海，他一个人留在小城。听说我要走的那一刻，他立即变了一个人似的，再也没有之前的热情和温暖了，连客套都没了。他窝在他的房间里，很少来找我。我走的那日黄昏，他坐在床沿上，我说我要走了，他说好，再见，居然都没有站起来。我无比失落，然而，也只能硬着头皮跨出门外，我想他至少应该送我到车站吧。然而没有。

晚上，我在车站等车的时候，他给我打电话，说是他的钥匙忘在办公室了，问我走没，我说还没，快了，他立即赶来，取走我保留的那一把钥匙，没有多说，就走了。

那是我们最后一次见面，以后，我曾多次想起过他——毕竟回想那段小城的生活，绕不开他——我想不通，他怎么会这样。不过，现在也能明白，毕竟我提前走掉，仿佛逃生出天，而他还要在那个"地狱"受苦，他当然不乐意，仿佛我撕毁了盟誓，抛下了他。这种心理肯定是有的，换作是我也会有点失落吧。

理解之后，便释然了——从来没有怪罪，只有不解。理解之后就放下了，即使我有时候想，和他通个电话吧，问候一下，但我也从没拨打过。我留在小城的稿费，也委托另一个女生代取，而不是他，因为他之前说过，嫌麻烦，让我找那个女生。

很多年后，我回小城迁户口，我也没找他，因为不知道说什么。后来听一个大学同学说，他现在不在那个学校

了，到了一中，和我同学的老婆是同事，说起过我。我想，他们会谈起我的什么呢？不过也并不重要了，说什么都是过往。

"此情可待成追忆，只是当时已惘然。"李商隐的这句诗写的是迷情，伤情，是回不去的过去，然而，我可以感到那种感情是真挚的。但我们现实里很多感情却是一去不复返了。

所以，我现在很少为过去的人事伤悲，也许是到了小中年，渐渐对一些事情看淡了，不再为过去的回忆伤感，也不再为逝去的友情、爱情难过，活在当下，守好父母妻儿，就已经是我最大的祈愿了！

如何成为一个绝世女王？

很少追综艺节目，但最近连看了三集《蒙面歌王》，主要是太太喜欢。本来周日我录制的《第一调解》也会播，也是那个时间点，我应该看《第一调解》的，但太太要看《蒙面歌王》，我也只得陪看。

第一集，据说李克勤是歌王，太太猜到了。第二集，

　　我们猜了好多人，完全投入进去了，夺冠的丁当说，可能很多人不认识她，说得很谦虚，也真实。她上节目前是没信心的，觉得自己不是大咖，但戴上面具，没有人知道她是谁，她尽情地唱，忘乎所以地唱，所有人都觉得她有实力，都被她征服了。其实，那个时候，我们也不知道她是谁，不会有偏见，只真心觉得唱得好听，唱得不错。而且，幻想她是一个非常漂亮的女生，气质超然。但是，等揭面之后，你发现，她颜值很平凡。

　　也许这就是面具的作用吧。

　　后来有个人，"狼牙"，三轮告负，离开舞台，主持人让他选择是否揭面，他拒绝了，没有人知道他是谁，这就是面具的作用，你可以保留一点神秘，或者你想要的自尊。

　　"羊驼"也是，戴着那个面具，你完全不知道他是谁，唱得很动人，最后揭面是孙楠。我对孙楠无感，但不得不承认，他唱得不错。这也是面具的好处，可以让你忘记一个人的面孔，从而更客观地评价他，消除偏见。

　　"灵魂战警"也是，感觉他是个有才华的人，但音乐没有完全打动人。但他的轮廓，面具无法完全遮盖的部分让我感觉他应该是个绅士，是个谦谦君子。他确实蛮有创

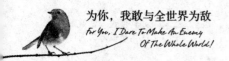

意，音乐形式多样，元素丰富，能创新，但总感觉进入不了灵魂深处，揭面之后发现是李泉。这就对了。李泉就是那种风格，不是最红，但有自我，有灵魂。

最奇特的还是"铁扇奥特曼"。她一直是小嗓。我们之前有猜到她是许茹芸，猜评团也都被她征服了，大家都觉得她很棒，很神秘。她像一个夜行的歌者，浅吟低唱，让人沉醉。连伊能静都激动地喊她女神。揭面之后，果然是。许茹芸说，她一直是个害羞的女孩子，第一次参加这样的活动，鼓足了很大的勇气。连续四周，她沉浸在铁扇的面具下，成为"奥特曼"，那是一种别样的体验。很神秘，很新鲜，很冒险，很刺激，很好玩，很有吸引力，接下来会发生什么呢？有无限可能。许茹芸不是标准美女，但铁扇下的她却气质高雅，盖过多少女神，让巫启贤崇拜得五体投地。

从第二集看这个节目，就觉得人需要一个面具。比如丁当，面具给了她勇气，给了她成全自己的机会，展示自己的机会，面具让她称王。比如许茹芸，面具让她具备无上的气质，仿佛《梦幻故事》里的女主角，带有不可企及的魔力和魅力，神秘，如果能一直戴着面具，便会一直很迷人。

所以，我一直强烈地觉得，面具让人变得更有吸引力。回到现实生活，其实你也需要一个面具，你也可以透露新鲜，带着神秘，偶尔演绎陌生感，偶露峥嵘，时不时有惊喜，惊艳，让人无法定义，无法评判，抓不住，摸不准，让别人不知道你是谁，不可捉摸，让别人猜测你，想着你，念着你，为你痴狂为你醉，让人永远癫狂。

如果能达到这样的境界，那你就真是一个绝世女王了。

女人，千万不要做一个勾心斗角的人

很少看电视剧，但最近追了几集《克拉之恋》，本来作为爱情教父，我应该更关注里面的爱情才对，可里面的职场关系也吸引了我的注意。

主要围绕着萧亮和林子良，刘思源和米朵等人物故事展开。尤以女性的斗争为甚。记得，刚开始的时候，米朵是新设计师，而刘思源则是资格最老的设计师，当林子良和刘思源走到一起，刘思源就变得极端了。她为什么不讨人喜欢呢？因为她跟了一个心机很重的男人，明显看出那个男人在利用她，把她当棋子使，而她还不自知。

那时候，只觉得她傻。不要以为我是为虚拟的人物担忧，职场里很多这样的女人，依附于一个男上司，为他做牛做马，甚至违背自己的内心，勾心斗角，最后，其实还是会被辜负。

她曾经有过悔改的机会，但是，当林子良告诉她，只要成功就收手，再不过这种勾心斗角的日子后，她又继续听候他的差遣了。

其他人的关系也好不到哪里去。比如，来了一个总监，对刘思源就是痛骂，让她去买咖啡，回来还说咖啡没加奶，汉堡包凉了，不停地折磨她。对米朵也是。当得知米朵的身份后，前倨后恭，谄媚得让人鄙夷，甚至觉得他面目丑恶。

其他配角则更过分，今天跟你好，明天跟她好，只看谁更有势力，谁更红。看你失势了，立即挖苦你，踩你，没有任何人情和友善。完全就是一个宫斗剧。可宫斗剧往往都还留点面子，暗地里斗，偷偷地斗，《克拉之恋》里却赤裸裸地斗，完全不像同事。

其实，我混过职场，我知道，不管在什么公司，打小报告的人当然有，明争暗斗当然也很激烈，但像剧中这样明目张胆的，当面就鄙视或高攀你的，还真少。职场想排挤一个人，打个小报告就可以，哪里能让你知道是谁打的？

表面和气，笑面虎，或者打成一片，但你不知道其实她已经捅了你一刀。很多辞职的年轻人，都是被排挤或欺负走的，但他们走的时候都不知道为什么，这就是真实的职场。而《克拉之恋》里，却将这种斗争摆到台面上，让人匪夷所思。

林子良经常对刘思源说，我一定会让你成为最牛的设计师。最牛不是靠创意，靠才华的吗？难道人为就可以做到？任何一个稍微有点智商的人都应该知道，创意行业就是靠才华吃饭。好比我是写文字的，如果我比莫言、村上春树写得好，读者自然会认可我，如果我没别人写得那么好，给我一个诺贝尔，也名不副实。真正有才华的人都会有一个标准，达到什么程度，高度，深度，水平都应该有一个了悟，而不是没有水平还想往上爬。那只会更痛苦。

怎奈，有些人就是无法开悟，或者执迷不悟。像我有个前同事，写文章真的水平一般，和领导关系好，在本报发是没问题的，但放到其他刊物就没什么机会了。再比如，我多年前看过的一个莫扎特传记，有个同行"羡慕嫉妒恨"莫扎特的才华，使尽各种方法阻碍莫扎特的发展，但不管怎样，人家还是能出头，不管你怎样阻拦，只要人家一上台，光芒立即散发，激情澎湃，才华横溢，遮盖不住。而你，

就算上了台，也没那么多掌声，也打动不了别人，这就是天赋。

职场也是，虽然说人际关系重要，但最终靠的还是才华和实力。如果你不将心思用在业务提升、业绩提高上，而浪费在勾心斗角里，那真是不划算。因为公司最终能看出来，谁对公司的贡献更大。

最关键的是，你这样挖空心思，累不累？做人何必这样？有闲心思，多看一本书，多学点才艺，多学一门课程，好好谈个恋爱，和家人享受天伦，去旅行，或者去大自然呼吸下新鲜空气，都是开心的事，何必与人斗，怄气！

姑娘，千万别做一个勾心斗角的人，好好修炼内功才是王道！

多大才是冲刺事业的最好年龄？

有个朋友写了一篇文章，说自己还没盛开就已经枯萎，这让我想起一个才女，她十几岁痴迷文学，到奔四写了近三十年，可还是一个写手。心里不甘啊。年少的时候倒孤高气盛，觉得自己满腹才华，诗情画意，那时候谁都瞧不起，也是，她文笔好，但到了四十岁，如果还只是写随笔，散文，小文章，就说不过去了。

写字的人，谁不想写个鸿篇巨作出来，流传千古，像《红楼梦》、《三国演义》那样，或像琼瑶、亦舒、三毛、金庸、海岩，或成为郭敬明、韩寒、安妮宝贝、冯唐等。但是，如果你写的东西一点都不火，也没有获奖，你该怎么办呢？有时候，你觉得自己真的有才，你要写下来，写出来，肯定比那些畅销小说卖得好，比那些网络小说强十万八千倍，但是，你偏偏没有写，或者你没有感觉写。有些人，没有毅力。真有才华，但才不在长篇上，在闲情逸致上，都被小品文和专栏耗干了那一点才情。而人家，不管怎样，就是写出了长篇，好也罢，歹也罢，最起码可以摆上书桌，拍成影视，也算对自己有个交代。

很多人不甘，很多人认命。我有个很有才华的朋友，写遍全国一流女性杂志，短篇爱情构思独特，匠心独运，她不屑写纯文学，热爱流行文字。但某天，她忽然跟我说，她这辈子也就这样了。她说她的心也就这么大了，才也就这么多了，她知道自己的优势，也知道自己的局限。我当时觉得她不缺吃穿，在武汉有一两套房子，安心写个长篇多好，但始终没见她写过，也许写了自己不满意？她学识

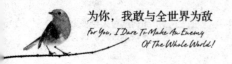

渊博，文字以知性美著称，在短篇小说写手里风头无量，但她却没写出长篇，没有爆得大名。安妮宝贝却横空出世，她和安妮宝贝相差什么呢？

多年前她写过一句 MSN 签名，安妮宝贝的肚子不是我搞大的。那时候安妮宝贝隐居一个农庄，生孩子。孩子的父亲是谁？大家都不知道。她发此言，难道心里没有对安妮宝贝如此出名感到不可思议？"羡慕嫉妒恨"我不敢说，也许没有，但不服一定是有的。

想不通的人很多，但真正做到底的人很少。

以上所举还算有才的人，多少写出了一些书，有些名气。还有很多人，一事无成，蹉跎岁月，那才是真的要命。

就如我认识的 S 君。他在一个内刊杂志做主编，说是主编，其实完全不当家，老板说了算。老板独断专横，动不动就骂人。有时候，稍有不满就将 S 骂一通，但过几天，又给 S 扔一包烟，或者夸几句。我们都觉得 S 好委屈，S 自己也非常烦恼，痛苦，但他没办法，做业务他不擅长，搞学问他嫌辛苦，既成不了靠提成吃饭的业务总监，也成不了专家学者，只能窝在这里受气。

S 讨厌总编，也试图逃出去，但和朋友们聊了聊关于创业的话题后放弃了，说是没有资金，做什么都不好做，晚了。S能说，口才好，我建议他做培训，他说自己没那个才能，我说互联网呢，他说不懂。那开个餐厅吧？没什么经验……最后，就什么都干不了。

我辞职后，S有一次来看我，说是羡慕我。我想他说的是真话，因为我跳出了职场，单干了。不管成败得失，我不再受人牵制，我掌握自己的命运。S看着我说，好好干，以后跟你混。我就不创业了，老了。看着他离去的背影，我知道，S真的认命了。

其实，他才38岁，可是很多70多岁的人还在创业呢。

如果你有梦想，你便永远都可以开头，任何年龄，任何阶段，都是最好的冲刺阶段，不要过了35岁就觉得这

一辈子就只能这样了，不要说人生定格了事业也就这样了。因为你压根就没突破过，你怎么知道跳不出去？你压根就没挑战过，你怎么知道不成功？你压根就没付出，你怎么知道就没收获？

人生是一场赛跑，任何时候冲刺，都是最好的阶段！

你放不下安逸，就别奢谈梦想！

十八子是我的前同事。我当年从女性杂志到财经杂志的时候，她在杂志版权页上的称呼是主笔，我想什么样的人可以当主笔？我出了两本书还没称主笔呢。

到那才发现是个女生。一本财经刊物，主要写点人物访问，其他稿子以整理摘录为主，在这样的地方，当一个主笔，和总编关系好的话，应该容易吧？事实上，也确实容易，因为杂志社就四五个人，除了一个主编，两个女生，然后就是主笔十八子。我是和两个小姑娘一起去的。我当时换工作，纯粹是想了解一些商业模式，想创业，而另外两个女生，一个工作了两三年，一个刚硕士毕业。说到资格，十八子最老。

的确,作为杂志社最老的编辑,十八子有很高的地位。这表现在总编总是夸她文笔好,写得好,副总编也时不时地夸她。总编是个官场老手,将一份刊物私有,退休后在企业家协会做会长,这杂志是协会阵地,他一个人说了算。我们都觉得总编很器重十八子,哪知道私下闲聊,她却对总编多有抱怨。

她说她的文章写得很好,却无法做头条,头条总被会拍马屁的人占去,因为头条就是总编拍屁股决定的啊。上了头条,有一些奖励,上不了头条就拿点稿费,大家当然都想上头条了。十八子文笔好,写人物采访多,其他记者有写行业分析的,辩证理性多一点。相熟了,十八子跟我说,你怎么会来这里?你单位多好啊,人家想去还去不了呢。我说,主要是想换个地方,多学点东西,她说能走赶紧走,这地方不能久待。然后说了原因,比如,在这里是无法出头的,总编想捧谁就捧谁,说谁写得好就谁写得好,没有标准,没有读者评论,完全凭个人喜好。我觉得也无所谓,反正我来这里也不是为了拿奖金。

十八子总是跟我讲许多杂志社的八卦和负面信息,长此以往,我就觉得不好,本来还想好好干的,听她的话总感觉没啥好干的。但是我又不可能再换工作,因此就想创

业。十八子说她也想创业，我就找一些项目，和她商量，看是否可以和她一起创业。但是不管我找什么项目，她总说不行，不是说项目市面上很多，不好做，就是说没资金，总之就是不行。几次之后，我就不想再跟她讲了。

后来，我有个朋友想做卫视，十八子采访过一个安徽老乡，是投资人，我就让十八子带我去见了那个投资人。再后来我就辞职了，因为我创业了，但是我没跟十八子说，等辞职那天才和她说，她说"创业好啊，你出头了，我还要继续熬。"然后，我们就很少联系了。

十八子在老家本来有工作，现在出来，不过是想多赚点钱，前几年也有梦想，现在梦想也没了。但回去，又不适应，70后年岁大了，找对象也不好找，用她的话说，这个年龄在县城，只能找二婚。而她在深圳生活了几年，不可能找二婚的，因此，宁愿单着。

我不知道她之前的情史，但我认识她的那一年，她一直单着，她很少出门社交，下班就回家宅着，这样的女子当然没有机会认识男生了。何况，年岁不饶人，十八子要想在深圳这个女多男少的城市寻获一个如意郎君，真的有点难。

十八子很矛盾，有时候觉得在深圳很孤单，赚不了什么钱，但回家她又不适应。我说，我跟你恰恰相反，我辞职的时候，根本没想过退路。

因为老乡关系，我对十八子还是挺关心的，因此，平时也会帮她出出主意，提提建议，她在北京学过编剧，我说你写点剧本嘛。她说写了卖给谁呢？那出书呢？她说出不了，这人物访问，都是很浅显，哪有出版社要出？我说你要么就好好在深圳发展，创业，做个女强人，反正都单身这么久了。她说，你以为创业这么容易？我说那你回家吧，她说回家更受不了。于是，她就这样来回折腾，精神备受煎熬。

我辞职后接了一个 3D 打印公司的新闻发布会工作，邀请了十八子参加。那时十八子已到另一个杂志，据说和原单位闹翻了。是一个主编跑过来跟我讲的，为了离职补偿金，闹得不可开交。其实十八子以前跟我说过，她回家的时候，有一次打算不来了，但总编总是给她打电话，求她回来，因为杂志社招不到人，招来的有才华的都跑了，她受不了总编软磨硬泡。"他低三下四，跟我说很多好话，我心软就回来了！但他该兑现的都没兑现！"十八子觉得总编是个无赖，忽悠她，但也没有办法，工作也不好换。

后来终于换了工作，总编对外声称给了她很多补偿金，

她说没有，跑到协会去闹，两人撕破脸。让我觉得职场没有永恒的朋友，只有利益，分开的时候，大多人走茶凉，甚至对簿公堂。幸好我单干了，我才不要这样的职场。

十八子拿了车马费，稿子却一直没写出来，我觉得都是同事，也没催她。后来就很少联系了。但某天，她却给我打电话，数落那个总编的不是。我当时正忙着创业，生死存亡，又忙又累，压力山大，根本无暇听这些，但十八子依旧滔滔不绝，电话打了二十多分钟，跟我说那个总编怎样无耻对她，她又怎样心酸，心痛，我听了觉得她话里也还是一年多前的抱怨，没有任何改变，都是负面情绪，真的听不下去。但我还是耐着性子，直到她的电话没电，我们才中断交谈。

那之后，我再没联系过十八子，后来听朋友说，她回老家了。

其实，生活中有不少像十八子这样的朋友，他们来外面只是碰碰运气，干得好就留，干不好就卷铺盖回老家。梦想于他，不过是一种奢侈，或者嘴上说说算了。因为真要追求梦想的话，就不会在意那安逸的生活了。

你呢？面对安逸与挑战，你选择哪一种生活？

势利眼到处都有

三年前，有朋友要做我的经纪人，上来第一句话就是，陈老师，要是你大红大紫后，会不会不和我们合作了啊。我说，这个你放心，第一，有合约，第二，我是感恩的人，第三，我是重情意的人，我不会在火了后就踹开你，或者过河拆桥，那不是我的风格。

这个朋友的担忧很多人都遇到过，其实，这些人不明白，如果你真能将一个人推向成功，说明你有能力，那么，你怕啥呢？好比申音和老罗分手，申音可以再包装一个，或者推一个新项目，就如他现在推的怪侠视频一样。也如郭德纲说的，明星从来不缺，只缺包装，三分才华，六分包装，还有一分贵人相助。如果你有能力，你就不用担心别人走。就怕你没能力，没能力才担心。

就本质来说，合作是双赢，如果别人想走一定是因为你跟不上了，落后了，即使人家迁就你，你也难受啊。庙小，撑不住，那也不能怪别人。那些合伙人分手的，往往都是

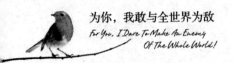

一方前进了，另一方还沉浸在过去。这显然是不能长久的。从我研究婚恋的角度来说，如果你好，别人是会继续爱你的，保持一直好，一直有价值才是关键的，担心是没有意义的。

另一个常见现象是，人们总是跟红顶白，等人家红了，大红大紫才来跟人家合作，可那时候，你哪有机会？

另一个深圳出版人说，他当年错过了货币战争，那作者和他都签约了，据说他不舍得给那么多版税，还有点担心人家火不起来，结果，人家换了一个出版社立即大卖。他跟我说这个的时候是 2012 年，当时他想出我的书，却还在为是否能大卖担忧。我告诉他，我不同于一般作者，我能写会说，擅长演讲授课，和我合作，你赚的不只是卖书的钱，我的形象代言，企业顾问，演讲授课费都够你花了。他没接。

一年后我开始接触电视节目，并且迅速成长，成了十几家卫视的特邀嘉宾，他后悔了。因为我那时收一个弟子都要一万学费，比他卖上千册图书还赚得多。他一边后悔着自己错过了财经作家，一边又错过了我，这就是眼光问题。

另一方面，有了眼光，却不肯投入，也是不能抓住机会的。有个女企业家一直说要跟我合作，但说到推广，就说要花很多钱。首先，她说她要养员工；其次，她说去做营销也要花钱。但对我来说，营销是不需要花钱的。我是作家、专家，不是产品，你营销客户的企业、产品，需要给媒体机构费用，但我的文章、我的视频、我的智慧，是大受欢迎的，还得人家给我钱，比如听我的课付费，看我的文章"打赏"等。而且，有众多知名媒体都会采访我，机会很多，只是要有人去跟，去做。但她说要花钱，让我付费。我当然不会付费给她，她常说的是，我不是知名人物，问题是如果我是名噪一时的人物，你还有机会吗？

如果你不推广一个人，你凭什么享受他丰收的成果？他成名后很多人慕名而来，哪里还有你的机会？但如果你帮助过他，识于微时，相互成就一起打拼，那他就会记住你。

我一路走来，阅人无数，也看尽人情。三年前说我没人脉的一个卖燕窝的人现在天天找我，她当时觉得我的读者不够有钱，是一个选美冠军对我说的。我说不用怕，我会让她来找我的。这个选美冠军朋友信奉这样一个理念，你如果今天不理我，他日跪着求我我也不看你一眼。她说到做到，当年觉得她是"小海龟"的人，后来在高端派对上找她合影，她理都不理。前几天，有篇文章，作者说当

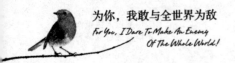

年他找学校一个老师帮忙审核稿件，老师没帮忙，后来老师找他推荐一个英文教师给孩子当家教，他也没帮忙，他觉得这是正常的等价原则，但我觉得这两者都比较狭隘，我的原则是，宽恕人性。

如果你没有参与我崛起的过程，你凭什么享受我丰收的成果。在我艰难跋涉的时候你不搭一把手，凭什么我功成名就的时候你来喝一杯酒？所以，做人还是不要太势力，太算计，聪明过头有时候也会错过机会，也是一种愚钝，一毛不拔，也是一种做人的失策。你以为你很聪明，其实你错过了黄金时机。

艰苦奋战你不陪，华丽绽放你是谁？

第三章

只为才华倾倒，只对温柔妥协

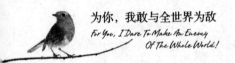
只为才华倾倒，只对温柔臣服！

多年前我写过一句话，只为才华倾倒，只对温柔臣服，被很多人当 QQ 签名。后来微信兴起，我又发现许多人将它设定为个性签名。说起来，能达到这句话所描述的境界的，非一般人不可。

为什么会有这句话呢？源于我奇特的人生观，我只欣赏有才华的人，在一个班级里，我特别欣赏那些有天赋的人，上学的时候，我一般只跟几个人好，比如，文科里，数学成绩特别好的人，英文天赋一流的人，或者理科能力超强的人，是我当时不能达到的，当然，也包括能写出妙笔生花文字的人，他们以自己的才情或才华，让我看到了不一样的世界，这样的人，是我欣赏的。

这就导致一个结果，我的朋友不是很多，但一旦和我发生共鸣，产生了解，发生交集，就会特别交心，彼此欣赏。如果不能，那就只能成为泛泛之交，走进来，是一个世界，走不进来，是另一个世界，这是一个很极端的交友态度。

不过，这种态度一直未变，直到工作后，我还是以这种方式看待周围的人，特别欣赏有能力的人，尽管知道猪八戒也是取经途中必需的人物，但就是不欣赏他，无比欣赏孙悟空，觉得他一个人担当了几乎全部的取经任务，如果没有他，取经可以成功吗？

所以，前段时间有人说我傲娇，我觉得我有傲娇的资本，同时你想不让我傲娇也可以啊，你做个牛人嘛，你牛起来我就欣赏你了。

所以，不是我傲娇，而是你不懂我。

另一句，只对温柔臣服，源于我看过的《楚留香传奇》，里面的魔教教主，是楚留香等人要对付的，有一个女子，她的双亲是邪恶之人，被正义人士干掉了。她本来是喜欢楚留香的，但楚留香有许多莺莺燕燕、知心爱人、红颜知己，而她最心爱的亲人，却被楚留香一伙以正义的名义铲除了，这让她觉得非常不可思议。最后她选择了一个邪恶的人，武功高强。楚留香这伙人都想不通，都来劝她，可是她说，我不管，只要他对我好，我不管他是什么人。这在我十几岁的心灵里，留下了深刻的印象，从此我的人生观里就多了一个：不管那个人是好是坏，只要我认为他好，他就是好，只要他对我好，他就是好。

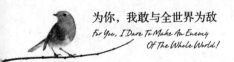
　　我不会随大流，不会根据别人的流言蜚语去判断一个人，我一定根据自己的判断，自己的亲见，自己的感受，去做一个处理。这直接导致的结果就是，一个团体或机构里，最声名狼藉的那个人，倒可能是我的朋友；那些桀骜不驯，不符合社会主流规范的人，倒可能和我聊得来。我曾经有一个同事，别人都闲言碎语他，躲他，我却和他聊得好。

　　只对温柔臣服，还表现在，你遇到的是真爱。我和太太相恋的时候，就有这样的感觉，我觉得她是与众不同的，在所有我认识的女生里，她是最真的，让我有非她不可的感觉，"你对我那么的好，这次真的不同！"我想起梅艳芳的歌，并且经常唱这首歌给她听，我也觉得，我遇到了让我放下所有的人，那种温柔，会让我所有的沧桑瞬间融化，让过去所有受过的苦变得不值一提，让所有苦涩变成甜蜜。

　　只对温柔臣服，就是那个对的人。有些人，来到你的身边，和你恋爱，但是，她不是最对的人，你总感觉少了点什么，你会有厌倦，或者有一丝倦怠，你觉得她虽好看，但内心少了一点什么，你还不能完全投入，但有些人，她一来，你就完全缴械投降，放弃了所有的戒备，全身心投入了，你觉得你要为爱情燃烧一次，奉献一次，牺牲一次。

那种温柔，让你沉醉不知归路。

而当我细想这句话的时候，我发现，这其实是女王的心态，当一个女人真的想成为女王的时候，她应该有火眼金睛，有慧眼，发现一个男人的才华，她只为他的才华倾倒，而不是为了钱。为了钱，就将自己当商品了，待价而沽，你总会被折价，砍价，杀价，贬值。

当一个人真的对你好的时候，温柔的时候，你要懂得，他不是随意就来的，换一个人，可能真的没有他真挚，你要有这个智慧，能够看出来他与众不同的地方，透过他独特的外表，透过别人的流言蜚语，看到他内心火热的情怀，看到他对你情有独钟的痴迷，当你明白，你会深爱！

这就是女王的爱情和人生信念：只为才华倾倒，只对温柔臣服！

绝对秘籍！如何玩转上流社会？

很早以前流行一句话，再穷也要站在富人堆里。这话有点扯，因为有时候你想站，别人并不一定欢迎你，除非你有特殊才能。比如，你是艺术家，虽然没有亿万身价，

可那些富豪总是喜欢装高雅，想听你分享艺术的独到见解，想看你的了不起的新作。或者你有惊人的美貌，让那个圈子里的人可以忽略掉你的贫寒。哪怕女人依然瞧不上你，但男人却因为你无法抵挡的美而义无反顾地给你开绿灯，铺大道。

除此之外，你是没有机会的。

还记得莫泊桑的小说《项链》吗？

少妇玛蒂尔德的老公收到一份邀请函，要去参加一个派对，但是，他们没有钱，买不起项链，玛蒂尔德向女友借了一条项链。舞会太开心，玩得太嗨，走得太匆忙，她回家发现链子不见了。玛蒂尔德只得勤奋工作，勤俭节约，攒钱买了一条项链还给女友。多年以后，终于还完债，辛劳心酸，欣慰。但某天，在街头偶遇女友，说起过去的事，女友说她的那条项链是假的。

这故事很具讽刺性。学生时代老师说这反映了资本主义金钱至上的本质，以及玛蒂尔德爱慕虚荣必须付出的代价。那时候对社会没有多少认知。多年以后，当我成为情感专家后，研究婚恋，尤其是当我自己办高端派对的时候，或者和各种圈子打交道的时候，我发现，这其实不是一个虚荣问题，而是生存的问题。

　　为什么这么说？因为你只有进入到那个圈子，你才可能有机会。打个比方，如果你不是北大或清华商学院的人，你便很难和他们搭上关系。我在深圳也是知名人物了，一般来说，不管什么阶层的人，听说我的身份后都会很感兴趣，很热情，很敬佩。我不属于任何圈子，但任何圈子的人认识我后都会被我吸引，但是，也有一次，人家没给我这个面子。

　　那天，我在一个朋友的会所。来了一大帮人，都是北大 EMBA（高级管理人员工商管理硕士）的同学，大家都过来品茶。我作为会所老板的特邀嘉宾，也赫然在列。席间谈笑风生。但是，你会发现，他们之间的关系更亲。不久，一个坐在我旁边的少妇请我帮她加进他们的同学微信群，我帮她弄好后，她将我邀请进去了。

　　两分钟后，我斜对面的一个美女说：周老师，陈老师不是我们的同学，不适合在群里。周老师是他们的班主任。周老师没有吭声，但也没有说，"不要紧，没关系"。而邀请我入群的少妇听了那个美女的话后好像自己做错了事，连连道歉，赔不是。我觉得很无趣，有那么重要吗？非要这么严谨吗？当面说出来？我自己是一个宽阔的人，我的群，派对，活动，基本都向很多人敞开，因为我觉得

人与人之间的关系，靠的是才华和实力，而不是圈子，生拉硬扯的人际。但是，他们不是这样的，他们直接将我请出来了。

这个事情让我很不爽。我觉得非常无聊，喝了两杯茶以后，走开了。

说实话，我并不稀罕什么群，也不稀罕什么资源，因为我从来不缺资源，也对任何圈子没有必然的眷恋。我不做生意，也不是特别需要那些圈子。但是，进来了，却被当面请出去，很没面子。那一刻，我忽然觉得人家说的上商学院不是为了学习，而是为了人脉，是对的。你只有进入那个圈子，你才有那个机会。但是我又很固执，我绝不肯为了几个人脉就特意进入某个机构。我想，我有别的方法。

这个事情让我意识到，圈子确实存在，如果你没进入那个圈子，你就很难获得那个圈子的支持。哪怕你很优秀，哪怕你有价值，他们会觉得和你不熟悉，不是同学，不是校友，他们没有安全感。很多人做生意，就跟同学做，校友做，外人没有机会。这也就是为什么那么多人拼尽所有，也要去上 EMBA。我有一个朋友，本来是白领，后来上了一个名校的 EMBA，一下子认识了好多企业家，他是做金融理财的，这些企业家刚好有闲钱，他正好可以开发他们。

还有一个朋友，长得非常漂亮，人也挺不错，但就是没有什么机会。后来我们给她出主意，让她去参加选美，结果不小心拿了一个冠军。尽管是普通的选美，但因为有了那个冠军头衔，好多人来找她。这就是社会的势利。人必须有一个光环，哪怕是虚名，但可以混一段时间了。

另一个朋友更有意思，她离婚，真的没多少钱，但硬是借钱买了一辆豪车，穿得光鲜靓丽，经常混各种高端圈子。其实她就是卖点红酒，也不赚钱。但那个红酒是外国品牌，显得很高大上。这样，她也认识到一些有实力的企业家。其实她的生活很清苦，但她甘之如饴，她坚信终会在那个圈子里，遇到奇迹。直到有一天，她在一个派对上邂逅了一个成功多金男，并且还是单身，然后，两人走到了一起。这就是再穷也要挤在富人圈子的收益。

我始终没有报过商学院的课程，也没交钱入过任何私人俱乐部。但是两年过去后，我和他们的关系发生了天翻地覆的变化。因为我出的书越来越多，上的节目也越来越多，名气和影响力越来越大，他们开始对我另眼相看。而当他们要谈论情感话题或者做文化沙龙，他们自然而然地想到我。他们没办法不想到我，因为我是深圳最前卫的婚

恋专家。他们想听最新潮的婚恋观念，只能找我。就这样，我以老师的身份进入了那些圈子，所谓的上流社会。

其实，上流社会真的挺虚伪的。但是，也是容易对付的。我一个朋友，从美国刚回来的时候，根本没人搭理她。只有一个男人带她参加活动，她很感动，后来她一跃成为国际选美冠军，成为总裁夫人，成为文化推广大使，去韩国做文化交流，原先那些不把她放在眼里的人都来巴结她了。可是，她很厌恶他们。因为觉得他们前倨后恭，太势利。再说，她的圈子爬高了，也看不上他们了。

这就是上流社会的游戏规则，你必须让人敬佩，或者对他们有用，有料，最好弄点虚头巴脑的，他们认；否则，你外表平凡，像个普通人，不管多有料，多有价值，他们都看不上你。而一旦你超越他们，他们就会崇拜你！

上流社会里的人，每个人都虚张声势，眼光比谁都高，但却忘记了，人与人之间，除了利益，还有情谊。

做一个有趣的人有多重要？

朋友最近很烦恼，因为她要结婚了。可是，她爸爸不让她办酒席。她男朋友家肯定是要办的，但他也不会出席。

不出席的原因，据说她爸是公务员，怕太招摇，不适合。但是，他也不是大官，再说又没铺张浪费，就十几桌至亲好友，有什么不可以办的呢？又不是人家土豪贪官一摆几百桌，又不奢侈，怎么就不能办了呢？何况，他也快退休了，如果是我，肯定给女儿大办一场，但是她爸就是不答应。真要办也行，他不出席。

朋友和她妈妈都很烦恼，我们也觉得不可思议。就这一个宝贝女儿，珍贵得什么似的，终身大事，本该开心幸福，喜气洋洋，将女儿的手交给另一个她挚爱的男人，难道不是做父亲的荣耀吗？为什么要这样闹别扭呢？说来说去，还是一个无趣的人。

我这样说，朋友应该不会生气。因为确实是。我就经常听阿姨"投诉"，说去哪里吃饭，见朋友，他都不爱去。他平时工作，闲暇时就爱打麻将，或者一个人在家，很多亲朋好友，他都懒得见。有时候，逼急了，他也见，但显得很不高兴，好像坐牢似的。阿姨说，真是没意思。以前她这么说的时候，我们都劝她，可这次，我们该怎么劝呢？

我和朋友还有阿姨约过几次，吃饭，也去过她家四五次，但每次都没见过她爸爸，有一次，太太和他们一家去

广州，回来在粤菜馆吃饭，我去接她，见到他了，但也没印象。如果他是一个有趣的人，我应该会留有深刻的印象，可是我怎么都想不起来。

我想起我的父亲，那是一个有趣的人。他会的很多，开车，编织，盖房子，做生意，种地，手工，制作玩具，玩牌，修理电器……他只有小学三年级文凭，可做中药生意的时候，什么字都会写，即使错别字，也错得有智慧，在生活方面，涉及到的一切知识，他似乎都会，比我强一万倍。他性格开朗，乐观，幽默，风趣，见了人，总有许多话，能找到人家的特色，或者一个难忘的细节，展开话题。我有一个同学，同村不同队，来我家玩，他能想起小时候唱的歌谣。他会逗人，有时候让人意想不到，这都让人开心。

我小时候他还给我们表演过纸牌游戏，就是将牌在手里翻转几下，然后抽出来，他说是啥就是啥。无论你怎么洗牌，随便洗，他翻出来，还是他说的数字，就是这么高明，我亲眼见过赌神级的人在我面前演示，感觉也不过如此，而《赌王》里的神奇幻术，如果我父亲再学一学，估计也会。

后来我有了侄女，哥嫂不在家，父亲就带他们玩，给他们扎红灯笼。过年的时候买很多烟花，我是个性格孤僻的人，不爱热闹，不爱这些玩具，如果不是父亲想起来，我是不会做的。在我看来，放烟花既浪费又污染，可父亲说，买个响头，热闹一下，要不然显得冷清。父亲是个制造热闹气氛的高手，是个想让生活热烈的人。现在想来，那就是一种有趣。

可惜，我全然没有继承父亲的有趣细胞，这或许都是文学的"侵害"。因为我被文学浸润的太深了，有点痴迷，愚钝，清冷，孤寂。我自己习惯了，但却忽略身边人，他们需要俗世的快乐。而我不擅长手工，修电脑、开车这些我都不会，有时候还做错事，生活细节上，拖拖拉拉，丢三落四，让身边人郁闷。但我是个思想活泼的人，我有许多奇思妙想，跟人聊天，我天南海北，除了军事和体育，我融会贯通，全都能聊。而且，我有独特的观点，特别的视角，我看问题和别人就是不一样，并且精准到位，这是我精神趣味的一个方面。

我是有眼色的人，知道该做什么，不该做什么，我总是从别人的角度考虑，不让人难受。我只是在幽默感上欠缺了一点。所以，撇除了幽默风趣，我其实还算是个有情趣的人，最起码不沉闷。

生活已经很苦，做一个有情趣的人，可以让人生的烦

恼少一些。而那些呆板，枯燥乏味的人，我们一般都不愿意多接触。甚至，从某种意义上说，做一个有情趣的人，是对别人的尊重，带给别人快乐，就是福利。

情趣就是最好的爱，我们都来者不拒。

不是我傲娇，是你不懂我！

某天，一个初中同学在微信上跟我打招呼，让我猜猜她是谁。我真猜不出来。我是几个月前通过的她，当时看她的微信地址是阜阳，我想那也许是一个熟悉我的人，就通过了。但是，没聊天。

当她让我猜她是谁的时候，我完全摸不着头绪。看了她微信头像，是个 10 岁左右的男孩子，也许是她的小孩。但她本人，我确实猜不出来。她说，老同学，坐你后面的，钱老师。坐我后面的有两个女生，钱老师是我们的语文老师，但我还是记不起来。最后，我老实承认，她说，老同学，你还是那么傲娇。我觉得好冤枉，真不是傲慢，确实想不起来了，过去那么多年了。而且，我有点震惊，难道我一直给人很傲娇的感觉吗？如果是，那真是误会。

　　我记得我初中时候还是有许多同学的，我只是对我欣赏、认可的人感冒，与其他人没有多少交集，这也许只是因为没有机会。比如，也许你是个内向的人，而我恰好也是，咱俩见过几次面，最多点个头，没有说话。但不代表我不想和你说话，也许我想打招呼，但当时真不知道怎么开口，也许我也在为开不了口难过，想，人家会怎么说我呢？果然，人家说我傲慢。其实，我只是不是那么健谈，不是自来熟。

　　上初中的时候我很受宠，成绩相当不错，尤其是英语、语文。英语考过满分，语文一直是名列前茅。我帮语文老师批改试卷，还住到了老师的家里。但是，我并没有骄傲。因为我知道，数学比我好的人多着呢，我稍微一松懈，成绩可能就下来了。但那时语文老师对我的好确实让我觉得挺骄傲，也许有人嫉妒了，他们一定觉得我傲着呢。

　　高中，我因对文学的迷恋偏科，在一个重新排序的年代，成绩就是一切。高中同学已经很势利，谁的分数高就跟谁靠拢，而我在偏科情况下，分数不可能高，因此，未分科前我成了无闻的小草，没有任何掌声；分科后因为数学不是特强项，模拟考试也总不够理想。高中也有欺软怕硬的现象，我当时瘦弱，又沉默，不爱说话，有人欺负，

为了自我保护，便佯装坚强，甚至虚张声势，不可一世。不明就里的人或许觉得我高傲，其实我是被逼的。而我内心，多么渴望与别人打成一片，无拘无束，但我没那个人缘，也没那个机会。可是，谁能看到呢？人们总是看到表象就停止了，如果能看到你的内心，那就已经是知己。而知己，向来就少，客观公正内心细腻的人，本来就少。

到了大学，我依旧被人说傲慢。其实有什么好傲慢的，我自己都不觉得。平凡的文艺青年，父亲的中药生意中断了，家里经济一日不如一日，父母都渐渐老了，我拼命写稿挣生活费，恋爱都不敢谈，没买过剃须刀，没打过摩丝、发蜡，没去过溜冰场，更没跳过舞，喜欢一个人都没勇气表白，哪里有骄傲。所以，凡是说你骄傲的人，都是不够了解你的人。

我大学有几个好朋友，他们真正了解我。比如，在我长跑结束忽然晕厥时送我回寝室的男生，后来我们成了很好的朋友，他听过我无数寂寞之音，给过我无数鼓舞和安慰，甚至，他知道我的失败的恋爱，他也批评我自恋，但同样会给我帮助，那是让我可以借钱度过青黄不接难关的同学，是可以告诉他心声而不觉得丢人的朋友。在他那里，我就是一个普通得不能再普通的男生，哪有什么骄傲可言？

　　而在那些不够了解我的人眼里，我是那个独来独往的人，是一个不和其他人玩的人，是只想当作家的人，是写了很多文章的人，是恃才傲物的人，是不可亲近的人，是瞧不上他们觉得自己高人一等的人，是只喜欢那个美女对其他女生视而不见的人。那年代刚流行另类、酷这样的词汇，他们将这样的词汇用在我身上，貌似褒奖，其实当他们这样说时，代表我和他们不是一伙的。

　　我们没有亲密无间，同样也不是死党，甚至，我们隔膜很深。那时候我就已经明白，缘分这东西，有就有，没有不必强求，当他们将我看做异类时，我也享受这个评判，最起码我们不会有太多交集，人事复杂，我乐得清闲。

　　毕业之后，我一直觉得自己谦卑，随和，对人都极力亲切。但还是有人说我傲慢。有朋友是一个资深媒体人，她给我写稿子，当时我正遭遇职场窘迫，出了两本书，但在单位混得一塌糊涂。心情烦恼。她来见我，在一个偌大的包厢就我俩，她说，你太傲了。其实，在我心里，她才傲。她模特出身，长得漂亮，那时候又已经创业，交往的都是大客户，参加的都是游艇派对，还会写文章，可以说是才女，多面手，她一直觉得自己很厉害，甚至得意地跟

为你，我敢与全世界为敌
For You, I Dare To Make An Enemy
Of The Whole World!

我说，她是许多人的情感顾问，这样的人不是傲慢是什么？而我职场遭遇瓶颈，想突破，想改变，心情已经低到尘埃，待人对事都非常小心翼翼，不敢怠慢，我哪里就傲慢了？但她说有。

那一刻，我忽然觉得内心悲凉。也许，这就是我的气质，我以为我早抛弃了傲慢，我觉得自己够亲切随和了，没想到人家还说我傲慢。那怎么办呢？怎样才算不傲慢？我不知道，也做不好。而且，我脑海掠过一个念头，高傲就高傲吧，反正我也改不了。有点任性，有点赌气。

现在想，其实不是傲慢，那是我一种与生俱来的气质，一种追求真我，不落俗，不合群的气质，我也很亲切，朴素，但我无法像人家那样抱团取暖，拉帮结派，或者玩小圈子，我向来抗拒拉帮结派。我也很低调，我只是不会保护自己，觉得该怎样就怎样。我不会迂回，伪装不好，所以我就成了高傲。

这让我觉得，人生是一种气场，如果两个人气场相同，气质相似，气息相同，他们就可以成为朋友或恋人，如果不同，那你再怎样努力，也是无法靠近他们的。就像我那时候，也想和他们搞好关系，甚至牺牲自我，但还是不成功。与其这样，不如找和自己气场相似的人。跟喜欢的人，做最爱的事，这样才舒心。而委屈自己，总不快乐。

我将这个发现写成了一篇文章，《谈恋爱就是要找到气场相同的人》，放进了新书《细节给力 爱情得意》中。如今，离这篇文章发表已经5年了，我更多地体会到气场、气质、气息的重要性。尤其是在婚恋上，如果这三点不同，两个人是很难走到一起的。这是我一个很经典的课程《如何寻找你的灵魂伴侣？》。说白了，也就是，懂。

张爱玲说，因为懂得，所以慈悲。如果不懂，便都是埋怨、抱怨、不满、责难。懂了，便什么都好了。而说到傲慢，其实也是因为不懂。如果懂怎么会傲慢，分明是热情、热烈、热切，一如张爱玲遇到胡兰成，两情相悦，满心欢喜，低到尘埃里，而外人看张爱玲却觉得她高冷，这都是因为不懂啊。

所以，懂是亲密的基础。如果不懂，便会觉得别人傲娇。其实不是傲娇，是你不懂！

哪有什么天才，不过是冬练三九夏练三伏

我记得我小时候看过一本名人传记，确切地说是世界

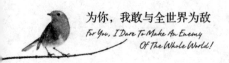

著名文豪的传记，但又不是那种全书生平的罗列，似乎选择了十几个著名的作家，有莫泊桑、福楼拜、托尔斯泰等，每个人只选取其中的一部分，或者一阶段，就是他们怎么刻苦用工的，有点中国古人"头悬梁、锥刺股"的意味，或者凿洞借光。那书提到，这些天才都是勤奋加汗水，这和后来流行的那句名言有点类似，天才是 99% 的汗水加 1% 的天赋。

但是，另一方面也一直有一个论调，就是觉得天才都是天生的，不是后天修炼的。比如作家、文学家、诗人、艺术家等，大家都觉得他们是天才，好像人家天生就是干这个事情的，天生就吃这碗饭，别的人，你没有这个才华，你就别碰了。我觉得这是唬人的。

我认识两个才女，她们喜欢写文章，喜欢将自己与世界隔绝，认为自己很有才，别人都是庸众。可是，当别人在高考，攻读数理化的时候，她们在干吗呢？其实她们在读书，读文学书，这就是说她们用了很多时间，她们只是专注在这个事情上。但是，我们很容易被这种论调给蒙蔽。比如张爱玲，别人觉得她就是天才，鲁迅也是天才，其实这样说有百害而无一利。为什么？因为容易唬住年轻人啊。比如我，就觉得张爱玲和鲁迅都很难超越，是天生的，你没有这个天赋，再怎么努力也不行。再比如曹雪芹，大家都觉得他是天才，那么《红楼梦》就永远没法超越了，这辈子都别想了。这么一想，还是挺沮丧的。

所以我现在不太喜欢人家将某个作家说成天才。不过是早慧罢了，不过是比别人用功多罢了。就如前面说的两个才女，如果她们也去参加高考，也未必有时间修炼文学，同样的，如果别人将时间用在文字上，也未必就比她们写得差。这个结论很容易得出。我有个朋友，真的没什么文学修养，后来做了记者，居然也能写出文章了，因为文章有一定的路数、格式，三段论也好，五段轮也好，他掌握了，就能学会了。小说《漂亮朋友》（也有译《俊友》）里，男主角当兵回来，穷困潦倒，不会写文章，后来被当主编的老婆，一个才女调教，慢慢也就会了，掌握技能之后，聪明人学得很快。

而且，即使鲁迅张爱玲这些大家，也可以看出他们是修炼得多，比如张爱玲，她似乎对其他的事情都不怎么在意，人情世故，她全不研究，生存的技能也没锻炼，很多事情不会做，出门打针，回头可能就忘了回来的路，这样的她从小浸润文学，受祖父张佩纶旧体诗和古诗词的影响，4岁就能吟诵"商女不知亡国恨，隔江犹唱后庭花"，这

是早教；受父亲的通俗小说的影响，舞文弄墨，母亲和姑姑都喜欢新小说，如老舍、穆时英，这种文学细胞的养成是一点一滴，日复一日，全种在了骨子里，吸进了肺腑里，融进了血液里，如果没有这些，哪里来的张爱玲？

鲁迅也是，那种家势、家风、家学，浸润了多少年，喝了多少笔墨，吸了多少旧体诗的气味，阅读了多少《搜神记》，《徐霞客游》等古代艺文志、奇闻志、逸闻志，小说。所以鲁迅可以写中国小说史略，文章里古代的典故历史信手拈来，都是小时记的啊。看了多少书，临了多少摹，练了多少笔，才有那样的鲁迅。

而且，两人也不是都下笔如神，他们都有修改文章的经历。鲁迅经常写完了改，改到没有废话为止。张爱玲更甚，她喜欢改小说，通常会推翻了全盘再来，有时候故事改得面目全非，根本不是开篇想要的结构。除了《倾城之恋》，《金锁记》等浑然天成，其他张爱玲的小说也能看出这样那样的缺点，尤其是后来的长篇。村上春树说没有十全十美的文章，也没有十全十美的作家，都是有缺点的，因为大家都是在学习啊，都不是天才，只不过有人学得好，走得远，有的差了点。

再回到曹雪芹，一部《红楼梦》可是增删修改十余载，润色，调整，最后才成了现在这个样子，其实，天才都非常专注，数十年，甚至几十年如一日地做一件事，所以才能做得特别好。这个判断被一万个小时给证实。前几年有人提出了一万个小时理论，任何一个行业，如果能专注地做一万个小时，你也可以成为专家。这是有道理的，不过是训练，即使科学，也不是一日就促成，而是不断地试验，推想，验证，大胆假设，小心求证，而我身边也经常看到这样的人，一个人不是很有文学修为，但是，某天，当他也开始写东西的时候，你会发现，他其实也写得不错。

　　这就是古人说的，冬练三九夏练三伏，当你把全部时间、精力都放进去的时候，当你投入全部身心的时候，你其实就能做得比别人好，但不代表你天生会这个。而有些人之所以喜欢说天生，主要是为了唬人，标榜优越。这种人喜欢忽悠人，觉得艺术家、大文豪都是天生的，制造一种优越感，让别人望尘莫及。只有中国作家才喜欢告诉读者，我是天生的，你永远只有崇拜的份。据说在美国，都会有专门的写作学院，可以培养作家。

　　不过，这里依然是天赋的问题，但我认为这里的天赋就不是天才，而是你的性格、气质，你的兴趣和特长所在。比如，如果让我研究数学，我也许可以研究得好，但我没

有特别长久的兴趣。这个我深有体会。无论初中、高中，只要我用心学，还是可以学好数学的，可是当中考、高考结束，我就立即将数学忘记了。我的志向不在那里。所以找到自己的天赋，才能发挥自己的才能。

倾我所有去爱你，一生唯一的知己！

少时读书，读到鲁迅先生的"人生得一知己足矣"，就仿佛自己心中所说，那时候还没什么朋友概念，最多是同学玩得好与不好的区别，朋友的渴求还没那么强烈。等到长大，上了高中，对朋友的感受不一样了，我特立独行，高一又有点偏科，心情寂寥，亟需一个朋友安慰、倾诉，那时，走近我的人很多，也有坦诚、真心的，但被我固执的个性给赶走了也是有的。

大部分人会觉得我在那个时候，敏感、多疑、无趣，且我又不是第一名，在一个追求升学率、90%以上的学生都要选择理科的高中里，我这样的偏科、文学成绩又没轰动天下的人，是不会有太多朋友的，尤其是在我缺乏天才但却浸染天才的坏脾气的情形下。人家坏脾气是乱发火，飞扬跋扈，自以为是，了不起，我坏脾气的表现是不合群，容易生气，开不了玩笑，敏感。

我记得，有个姓李的男生，理科班的，和我住一个宿舍，曾经给过我友谊，一起去郊外散步，聊天，同宿舍的人还有传言我们是"好基友"，但我们真的没有什么，只是他性格温和，我那时像个孤独症患者，他想用他的善良贴近我，但我们没走多远，我记得有一次我们在堤坝上聊天，不知道为什么就聊崩了，之后再没好过。

有一个男生，平时蛮有主见，那时候，寝室有一个从破碎家庭出来的学生，横行霸道，也欺负我，这同学看不惯，帮我说过几句话，我心里是感谢他的，但又不知道怎样表达，他也许只是出于正义，但和我却没有成为亲密的朋友。分科之后，这男生和我同班，学习不错。但因为我那时总感冒，老爱关头顶开五档的电风扇，大家都觉得我怪异，他估计也这样看。偶尔聊两句，没有深交。

这个男生，居然喜欢我高中最心仪的人，我不知道。他高中时有一次挖苦我，你喜欢谁谁谁我们都知道。我矢口否认。高中毕业，他在合肥，我在阜阳，毕业那年去参加招聘会，我见到一个高中女同学，学新闻的，据说和他是男女朋友。而多年后我才得知，他最欣赏最想追的人是

我心仪的那个女生，只是因为那个女生复读了一年，不在一个城市，且那个女生不喜欢他，他才在大学和另一个来自高中的女生相恋。我们联系不多，只知道他在苏州，学的是社会学，干的什么工作我就不知道了。

我成为情感专家后，他有一次在 QQ 上给我留言，说我现在都成专家了，说他在某婚恋网站上看到我的文章。我说你怎么结婚了还泡妞啊。他说还单着呢。之后就没怎么联络。我后来见到高中的那个心仪女生，她还说他很多年后在南京还想追她。我想，其实我们本可以成为朋友，因为我们共同喜欢一个人，他表白过，我从没表白。他高中的综合成绩比我好，在一个看分数的年代，我也许不是最出众的，但多年后，我的慧根却发挥了天才般的作用，让我一跃而成为专家。只是，这时我们早已疏远多年，又不在一个城市，难拾起友谊。

真正给我友谊的也有，一个叫苇的同学，很有福相，生活潇洒，有鲁智深的感觉，他父母离婚，性格有点消极。那时候看不出来，只觉得他乐呵呵，开朗，积极，他宽容我所有的缺点，和我同桌，当大家都用异样眼光看我的时候，他却当我是寻常人。我有让他无奈的地方，但这依然不减少他对我的好，这或许就是友情的真谛，不仅因为你出色，知道你有缺点还跟你玩，对你好。

　　苇复读一年，据说后来去了苏州，佛学院还是什么学校，再后来被香港佛教协会招去了。我在芜湖的时候，山曾经跟我说过，大家都觉得惋惜，但我觉得，这也没什么不好，他早有迹象：父母离异，性格多少是受影响的；他那时已经表现出不功利的性格，上进心并没那么强；他喜欢文学、音律，会吹笛子，据说还会谱曲；他接触过某一种组织，在我看到那组织的照片时第一眼就断定那是不可靠时，他据理力争，他心有烦恼，才会选择那组织。

　　但他是善良的，真心善良。成绩不是最好的，但却有很好的人缘，大家都喜欢和他在一起，和他好的有山、强，他们算铁三角。山数学好，人也真挚，有操守，是我欣赏的类型。我喜欢问山数学问题，而山也对我不错。我记得，我借他的随身听，一遍一遍地听陈百强《一生何求》、《偏偏喜欢你》等。强和我亦是同桌，但和我没那么好，甚至谈不上好。因此，在我那时的心里，虽然苇和山对我都挺好，但我觉得他们三个关系更好，我不是中心，这让我嫉妒。我少年时看过《楚留香传奇》，被里面一个教主的女儿灌注了人生观，也和我喜欢文学的天性有关，我觉得所有人里，他对我最好，这才是我最想要的。不管怎样，这是一

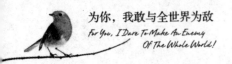
种坚持，毫无来由，你也可以说任性，所有人里，必须最看中我，欣赏我。如果不是这样，我便会有隔阂。

基于这样的友谊观，我更欣赏葛。葛是文科里的尖子生，考过很多次第一。人很俊朗，高大，玉树临风，潇洒。葛在校外住，上课来，下课走。我们交流不多，但我记得，我高一就向他借过《文化苦旅》。能看《文化苦旅》的高中生，在那时还算有抱负的。葛确实是个有抱负的人，理科很好却选择了文科，说是伟大的政治家都是文科出身，山就是因为葛的这个说法而选择文科的。

葛曲高和寡，因为太过优秀，因为超然，反而没有其他人的拥趸多。我却独欣赏葛。我们的名字里都有一个才字，但我们的才华却完全不同。葛数学出众，文史俱佳；我更偏问文学一些，但高中只偷偷地给一些文学杂志投稿，也不敢将太多时间放写作上；葛是没时间与那些同学玩，所以大家觉得他清高，高不可攀；我则是不合群。上课，葛走进来，我会投以欣赏的目光。模拟考试，葛没来，我会给他留着卷子。我偏袒他。我估计他能够看出来。

1998 年，我们被数学老师选去帮人家成人高考，四个人，其中就有他和我，那是我们私下接触的两天，加深了了解。后来，我去校外看一个远房叔叔，走回去的时候碰到葛，他邀我去他的宿舍，和我谈了很多，惊奇的是，我们第一次单独聊天，居然聊得那么投机，他还告诉我隔壁班有个女生追他，给他买羽绒服，可他不喜欢她。那晚，他请我吃饭，寒冬，那一餐饭很是温暖。

后来，我们就高考了，然后就散了。高考体育加试结束后，真的要告别了，那时候没有手机，互联网也没接触过，大学也不同，我觉得我们会再也无法相见。告别的那一刻，学校小卖部一个阿姨跟我很好，送我两盒酸奶，我追了很远给葛，他不要，但我执意要给，最后，他收下了。我跟我父亲讲起过葛，跟哥哥也讲起过，多年后他们还记得我有个关系好的同学葛。我只将最欣赏的人，关系非常确定的朋友才告诉家人，一般人以及对我不友善的人，我是不跟家人讲的。

后来我们还是联系上了，通过写信。1999年到2000年，我给他写过不下10封信，他也都及时、热情回信。后来，渐渐就断了。2002年冬天，我去合肥找工作、借住他宿舍，他请我在安徽大学北门吃饭，非常丰盛，对我照顾细微。工作并未成功，2003年春天又去过一次，他同样热情接待，第一夜和他挤一个被窝，后来几天住隔壁宿舍空床。我走的时候，他送我去汽车站，穿过科大和安大门口的那条路，

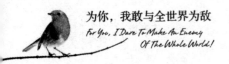
在公交车站上车，他将我往里推，让我抓好扶手，说车会闪人。我站在陌生的人群里，觉得有这样一个朋友，这样对我，心里真是感动。

买好票，我上了车，看着他走。我的眼泪忍不住就要掉下来，心里唱起《朋友别哭》这首歌。真的万箭穿心，非常感慨，他是对我最好的高中同学，没有之一，是唯一，也许在他心里，在他的世界里，有许多同学他都对他们挺好——我后来听山的女朋友和另一个女生说，他们在合肥他都热情接待过，但我却觉得他对我最好，我相信，葛也一定觉得，我和其他人是不同的，别人会见外，我是真心祝福他，没有生分。

他那时候在准备考研，说合肥太小，要去杭州，或者广州，我觉得合肥也不是他的归宿，我们也即将再次分离，那种天地之大，人生渺小，知音零落的感觉再次让我陷入深深的失落。尤其是看他的背影消失在合肥的街头，黄昏时分，北风乍起，吹起许多烟尘，很有江湖和历史的味道。那一刻，他的背影，也是寂寞的。

我无数次地写过这个场景，并且百写不厌，不是因为我无趣，而是我太感念那个瞬间，那是最让我感动的场景之一，并且还有最让我惦念的人。

葛什么都好，但还不够完全了解我。求职失败后，葛对我说，你回去，别再奔波了，我真不知道你为什么一定要当记者，当记者有什么好，当个老师不好吗？他一定是为我好，觉得我这样奔波也不是办法，他在合肥，见的世面比我多，也觉得报社和记者、社会都不是我想的那样单纯，比我成熟。但我固执地就是想当记者。

后来，我终于和一个学校签约了，因为我不想毕业就失业，先抓一个工作再说。但是，七个月后，我还是想当记者，去合肥寻找机会，无果。最后去了上海，做编辑。然后，我从上海到深圳，一晃就过了很多年。

这么多年，一直想念葛，高中男同学里唯一最想的人。但一直没有音讯。2010 年，我们终于联络上了，有了QQ。我很兴奋，给他打电话，我邀请他来深圳创业，我当时想做交友网站，但他说来不了。我出《20 岁学会恋爱 30 岁收获幸福》一书时，他帮我在黄山新华书店做了海报，重点陈列。兴奋期过了之后，联系就淡了。2014 年，我和太太去黄山旅行，见到他。十年一见，万分感慨。原来，葛大学毕业并未去杭州，而是去了河南，在阜阳也待过，做市场。后来觉得老漂着也不是办法，找女朋友都成问题，就进了国企，新华书店。然后找了一个当地女子，结婚生子。

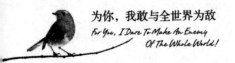
岁月静好，现世安稳。

见到他之后，完全颠覆了我的想象。比如，我以为他会在杭州，或者广州，商学院毕业，做着金融或财经工作，人生飞黄腾达，梦想无比远大，但他却选择了国企。他当年连合肥都看不上，后来却去了河南和阜阳，现在黄山，这些变化让我觉得出乎预料。葛说，大学毕业之后，没有考研，旅游管理系工作不好找，不想做旅游和酒店，就做了市场，然后，觉得不能再漂了，就找了个国企。

而葛的人生之所以出现这样的转变，主要是一些家庭的原因，他说，当时弟弟结婚要钱，一个舅舅得了重病，让他看到人生的虚妄与苦难，对他的信心有很大的打击，他渐渐意识到，人生最重要的不是做一番伟大的事业，而是安身立命。而那些年职业的漂荡，雄心壮志的失落，让他渐渐消磨了曾经的抱负，转而成为一个接受安稳生活的男人。没有过多的欲望，也没有了野心，平淡的生活已经满足。葛说，对升官发财都没想法，对女人也没想法。我相信，葛是个谦谦君子，学生时代就不是轻佻之人，如今就表情厚重端正。不过，人生就真的没有梦想了吗？我一直觉得以他的才华可以干一番大事业，但他似乎并无所求，所以我觉得遗憾。

　　葛大约看出了我的遗憾和想法，他说，人一辈子就这么长，追求那么多无用的东西做什么？说到儿子，他说将来并不奢望他出国留学，只要有一技之长，平平安安，能养活自己就好。我那时还在追梦，还对事业和名气有企图，所以我觉得我和葛是两种截然不同的生活，那么，到底是葛的想法对还是我的想法对？人到小中年，确实需要安稳、安定，放下一切不切实际的梦想和想法，葛是顺应年岁的，而我还在执著追梦，我是不是天真幼稚？

　　那一刻，我真的不知道。我只知道，我在深圳还要拼搏，一天不干活就没饭吃，我还在日思夜想，事业怎样起步，转变，腾飞，我还在焦虑，为写作，为前途，而葛已经进入了人生的安定恬淡期，那我是不是很失败？但我也没有办法，沧海桑田，回不去了。

　　但葛却忽然冒出一句："你也许瞧不上我现在的生活！"我赶紧打断，怎么可能，我羡慕还来不及。真的，羡慕都来不及，那是我多年来渴求的，动荡的岁月里最想要的生活，可是我那时没有得到它，现在我不稀罕了，不习惯了。但不能说我否认它。

　　我说的是真心话。

　　我曾经失落、失望、失去所有方向，最后才发现平凡

是唯一的答案。我曾经这样渴求，只是今天我无法再能和它握手，因为我已经在自由的路上出走太久，过惯了无拘无束的生活太久。

我觉得葛这样挺好，只是这个变化太大，出乎我预料。要知道，他高中时可是我觉得最有抱负的人。但想想，谁不是被生活招安，被社会磨平，人到小中年，有这样的想法也正常吧，古往今来，多少英雄好汉少年意气风发，最后也还不是选择了平淡。

只是，我不认命而已，不服输，所以要继续流浪，继续漂泊，继续挣扎。但我衷心祝福你，我最亲爱的朋友，我青春时代的知己，愿你健康平安，愿你得享一切幸福，而我，我只想在路上，继续匍匐！

如何成为一个特立独行的人？

我不喜欢千篇一律，也不喜欢那些有相同性格的人。在职场里，或者一个单位里，有许多人，他们有着共同的思想，思维，想法，行为和判断，他们的想法，做事，心态都差不多。这样的人容易抱团，拉帮结派，排挤人，打击人，玩小圈子，我从来不玩这个，从来对那样的小圈子没兴趣。

为什么人们要拉帮结派呢？原来是为了让自己更强大。当你和其他人的思想、言行、看法一致的时候，当你和他们价值观一致的时候，你们更容易获得身份认同。这样，你们就更容易形成利益集团，互相保护，而稍有触犯你们利益的人，或者和你们步调不一致的人，你们就会排斥人家，看不惯人家，这样的集团，真不好玩啊。

我真心瞧不上啊。

我认为一个人要想真正的强大，只有靠自己，而不是靠抱团。所谓抱团取暖，取的也不过是咸湿的体温，是别

人的汗臭，是表面的温度，而真正的温暖，是来自内心的安稳、妥帖、安心、安宁，是自己面对周遭世界的回测而依然可以淡定自如，稳如泰山，并且笑出声来，告诉世界，这没什么；同时心怀热度，依然对这个世界抱有善意，依然不偏激，依然热爱这个并不完美，甚至有点邪恶的世界，这样的人才是看透了之后有坚持，绝望深处抱有希望，是真正的温暖。

　　这么多年来，我一直保持着特立独行。我认为特立独行是一种品质，一种不屈从，不谄媚，不巴结，不随波逐流，不苟且的品质。有了这种品质，人就容易有独立的思想，自我的辨识，会有自己的判断和主张，能看到别人看不到的地方，懂得别人忽略的风景，看得懂别人不懂的意义，特立独行，更容易让人找到自我。

　　那么，怎样才能成为一个特立独行的人呢？

　　我觉得首要的是要有一颗强大的内心，如果没有强大的内心，面对强势集团的攻击，你很快就会崩溃，你觉得你和别人不一样，是不是自己有问题呢？是自己错了吗？当你这么想的时候，你很容易就委曲求全了。

　　成为一个特立独行的人，不能记仇。比如，当别人对你不够友好时，或者觉得你和他们不一样时，他们遇到困难，你依然可以支持，帮助他们，告诉他们，我和你们想的不一样，我不会和你们记仇，也不会报复你们，如果你睚眦必报，他们肯定会说，你看，我就知道他不是一个好人，那等于宣告，他们反对你是对的，这是另一种俗。

　　成为一个特立独行的人，要有放弃所有的决断。你想去大城市，那就别惧怕压力；你不想被竞争刷下来，那就加油努力；你想创业，那就别待在单位里打牌；你想当作家，那就多思多想，勇敢尝试；你想自由，那就要忍受自由的代价；你想爱一个最好的人，那就不要耐不住寂寞四处留情；你想走得更远，取得更大成绩，那就不要满足于现状，在高潮的时候，再次华丽转身，给世界一个美好的背影。

　　聪明人都知道该做什么，而一个特立独行的人多半也知道什么时候该换场，在某个行业做够了，做累了，就尝

试另一个行业吧，跨界发展，也许会有另一种收获。

特立独行，不是标新立异，不是哗众取宠，不是故意要这样，而是，我就是我，不管怎样，这是我的坚持，我的品格，我的风范，我的价值观，我和你们不一样——我是我，不一样的烟火。

如何在微信时代逆袭称王？

前两天看到一篇文章，说微信朋友圈已经变成了一个扰人的虚拟空间。对此我不敢苟同，甚至觉得，写这文章的人有点傻。

说到扰人，我其实早写过。有个学生说她微信朋友圈都被某个人占据了。我想说的是，你可以不看啊。像我自己，创业的时候被很多人加好友，五个微信，好几万人，朋友圈从来不看，信息一天删除一次，完全不碍事。

而且，我还从朋友圈认识好多朋友，腾讯视频《夜夜谈》的制片人欧文兄就是在微信上邀请我做节目的，《第一调解》也是因为认识了一个女生，她微信上告诉我罗制片人的电话。如果没有微信，我们会失去很多机会。事实上，我的很多工作都是在微信上完成的，写作，公众号，微信授课，就是线下活动，也是微信上宣传招募的，微信已经改变了我的生活，让我受益匪浅。

其实，受益更多的是那些微商。我认识几个人，一下子就从屌丝变身微商大咖了。他们来找我合作新书，经纪人说，微商层次低，不符合我的身份。但是，人家粉丝也挺多啊，有个微商还上了好几个卫视节目，出场费也是十来万的，俨然已经成为一个领军人物了。

不要抱怨微信朋友圈这不好，那不好，虚伪也好，广告也罢，其实都不重要，有人学到东西，有人找到资源，有人只维持自己的小圈子，狭窄地安静地活着，还有人被微信朋友圈的信息困扰，心真小。不过，在我看来，被微信朋友圈困扰的人，完全没必要。

比如，之前流传的一篇文章，作者看不惯她大学同学晒恩爱，秀幸福，就将人家拉黑了，还说人家浅薄。其实这是自己素质低，心态差。还有一个文章，圈子不同，不必强融，更是带着明显的势利，冷漠，无情，还以为自己很优越，很崇高。更有人说，你死在了我的朋友圈里。好像自己多了不起，没准你早死在了别人心里。

朋友圈也是一个试验场，有人胸怀天下，能借势创造

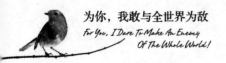

丰功伟绩，有的人只看见自己，容不下别人，连别人发的信息都容不下，一个广告都容不下，怎么融天下？我最奇怪的是那些批判心灵鸡汤的人，你不需要不代表别人不需要，你是土豪，你人生牛气，但屌丝需要激励啊。我从不看心灵鸡汤，但我偶尔会写几篇励志文章；有时候翻看微信，无意间瞥到一个心灵鸡汤的标题，会心一笑，划过去，这才是智慧，跟心灵鸡汤计较什么？

微信也是一个个性的试验田。我记得有一次在一个群里，某大咖就被人轰了出来，还有一位商界人物，在一个财经群里就被大家毫不客气地赶了出来。微信里没有权威。我认识许多群主，他们都是一方霸主，占据自己的三分地，一切都得听他的。这也好，说明每个人都有权利，每个人都有自己的规则和原则，你不遵守，就得出局。微信上也有人拉帮结派，我认识的一帮人，经常在微信上拉帮结派，搞小团体，不过没关系，世界这么大，全世界这么多微友，你不必非要跟他们玩啊。

微信里没有权威，只有品牌。一个朋友很有名气，可发出的信息也没多少人参与，而一个小伙子，名不见经传，众筹学费去留学，居然有好多人支持他。你说这是不是很鼓舞人心。因为他确实打动了人啊。所以微信是一个再好不过的东西，只要你真的具备魅力，你可以瞬间吸引很多粉丝。

微信也是一个逆袭的武器。我合作的"女王很美很精致"公众号，是一个非常有独特气质的大公众号。铁杆粉都很喜欢这个名字，我自己也很喜欢。后来我们开展情感问答和微信在线授课，一下子几百人支持，可见"女王很美很精致"的品牌已经深入人心。

而我认识的另一个公众号的创办者有一天来拜访我。刚一见面，是个小伙子，满脸的青春痘，带着屌丝的气息。但是，一旦了解他之后，你就会震撼，他19岁高中毕业，没考上很好的大学，父母让他复读，或者花钱上大学，可他拒绝了，他说男人要有出息。在武汉打工，做模具。工资全部用来学习，上了很多培训课，微信公众号兴起，做了公众号，如今有上百万粉丝，让我这个女性杂志出身、写了十几本书的情感专家都感到不可思议，因为我的公众号就没运营起来。很多大牌都主动找他投放广告，每个月都上百万收入。而且，他还打算请一批专家，把大部分收入都分给专家，他要做的是平台，包括广告节目，电视节目，服装等，年纪轻轻就有这等境界，真的非常有前途。

所以，不要再抱怨微信朋友圈的各种八卦与是非了，

也不要再嫌弃别人了，不管你是企业家，富豪还是名人都不要嫌弃别人，因为没准哪天，别人就逆袭了你。毕竟，微信时代是一个全新的时代，有崭新的玩法，你原先那一套玩法已经落伍了！

我的心里有一片云

生活经验匮乏的我有时候会惹太太歌妮生气。这真是没办法的事。向来笨拙，精神世界不管怎样开阔，境界不管多么辽远，一旦碰到煮饭、拖地、修马桶、开车、装家具这些事，还是会让人头疼。

有一次，歌妮让我煲汤，本来要放桂圆的，我放了元贝。那是松茸煲鸡汤，桂圆是锦上添花，元贝却喧宾夺主，让松茸都染上了海腥味。但是我觉得桂圆和元贝实在太像了，实在不好分辨啊。

还有一次，歌妮从家里带了鸡汤回来，鸡汤凉了，在陶罐里煨着，保温杯却热乎乎的，放在洗手台上。我也不知道详情，直接将保温杯里的水倒出来当汤喝。歌妮说这是鸡汤吗，怎么颜色不对？我一看才发现，果然很淡，而且是白色的，见我干的这么蠢的事，歌妮只能无语。

那一刻，我也是非常抱歉的。可是，我真的心不在这里。我的心每分每秒都想着事业，文章，标题，主题，思维，因为每天都要写东西，每天都想着怎样突破，琢字磨句，行文成意。废寝忘食，如琢如磨。你以为那么容易吗？

所以，看我文章的人，你们千万不要以为理所当然，好像我真的下笔如神，十分钟搞定一篇文章。即使是那样，也是我平时思索了很多才有的灵感啊。即使是那样，也是我内心酝酿了好久才成形的啊。你看到的妙笔，格言，警句，那可都是我耗费生命和精力想出来的啊。而为了写这些文章，我生活中没少犯错，惹歌妮生气，有时候也觉得自己挺过分的，怎么像个生活白痴呢？

但是，不管怎样，不管遇到多少挫折，不管有多少不顺心，不管有多沮丧，我依然会开心。当时的沮丧，最多持续两三分钟。太太也是个好人，有时候被我气得爆炸，但过十几分钟，依然会关心我。

就如那天，我做的一件小事又让她看不下去了，她很生气，我很惭愧，只能无语，保持沉默。但是那种感觉又实在太压抑，我不希望有那样的氛围，想放音乐调解下车里的气氛，但是她不想听。往前开，到了红灯口，我忽然

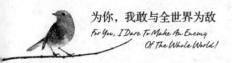

发现前面天空，一大片好白好白的云，奇特无比，宛如雪山，壮丽无比，纯洁无比，我的心一下子开朗起来。我说，你看那云好漂亮，她真的抬头看了一下，然后我看她的眼神也闪过一丝快乐。是的，有时候，我们内心的烦恼会因为美好的自然风光而消散。

而我的心里，其实也还真住着一片云。平时人家怎样对我，宠我，辱我，我皆不惊。欢迎我，怠慢我，我皆不看重。我已经原谅世界的粗暴与残忍，我也同样会原谅世人的粗俗与无知，原谅一部分人的差劲与恶劣。

世事如烟，而我心里住着一片云。所以我是一个纯粹的人。

第四章

逆袭人生无止境，孤独地走向未来

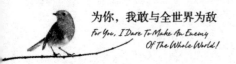
孤独地走向未来！

2004 年，我在亳州教书，想换个工作，去合肥当记者。我想，合肥是省会城市，能去那里我也就满足了。尽管我的梦想是上海，但能到合肥，也算靠近梦想的一步，也不算太差。但是，我的希望并没有达成。

机缘巧合，我在合肥看到一本杂志，在上海，招聘编辑，我完全不带任何希望的发了一份简历，几天后，有人通知我去上海面试。我感到机会来了，从上海面试回来后就跟学校递了辞呈。之后再没回去过。

我记得，我走的那天是个傍晚，大概四五点的样子，锁上了宿舍的门，最后看一眼它，然后，坐了一辆三轮车，就往亳州汽车站赶。我心里充满惆怅，这将是我最后一天待在这个城市，我马上就要离开了，此生此世都不会再回来，尽管我迫不及待地要离开它，尽管我想早点摆脱它，但真要走的时候，我有一点留恋。

同事们都在上课。再说，刚来半年，几乎都没来得及和这个城市的人交往，因此，走的时候，相当低调，也相当落寞。有一个女同事，和我关系很好，如果她知道我要走，肯定是要送我的。但我没告诉她。另几个年轻同事，关系一般，就不说了，说了人家也未必送。轻轻地走，不带走一片云彩，徐志摩不是说了吗？那就让我做一个孤独的离开者吧。

时间还有一点，我不想待在车站，就在车站外面的小河边随意走走，此时接到一个电话，是同事吴的，他说宿舍的钥匙被他弄丢了，进不了门，要来我这里拿钥匙。还好我没走。他就赶来了。我们见了面，将我的钥匙给了他，没有多聊，他就匆匆地走了。我们是同事，也是舍友，我俩共同住一套房，本来也挺聊得来，甚至是非常要好，杂志社找我就是打的他的手机，我还没有手机。

但是，自从知道我决定离开亳州去上海后，他就一下子冷淡许多，原先那种彻夜长谈，那种情意相投似乎一下子不见了。而当我走的时候，他居然说好，不送了。并且真的没有站起来，在他的床上坐着，表情凉薄。这让我觉得非常失落，完全不可思议。我们毕竟同住大半年，平时无话不谈，并且自认为是一类人。不过，也只能这样，他大约觉得我走了只剩他一个人对付学校的事情，我先走一

步，留下他一个人，他的孤独感更甚吧。

去对面的文化馆逛了逛，里面有人在开会，是一个小小说创作峰会。我想去看一下，但又想，我反正要走了，看了又怎样，再说，小小说我没有兴趣。可毕竟还有一点时间，就走了过去，和一个人搭讪，是亳州报的一个副刊编辑，我知道这个人，寒暄了两句，并不热情，我觉得无聊，便走了。主要是我真的要走了，认识他又怎样？我们本就不是一类人，如果是我都不会离开这里。

大约半小时后，黄昏真的来临，天开始暗淡下来，我返回汽车站，坐上了大巴。大概六点半到七点左右的样子，汽车慢慢驶出亳州，先是城市主干道，然后是城郊，我的心里越来越奇异。我终于要离开这个地方了，我将去往一个国际化大都市，那里都有些什么，迎接我的是什么，我全然不知，但我必须要去。

车子终于驶出了亳州，在黑夜中穿梭，我带着不为人知的寂寞与惆怅，怀着忧伤和喜悦掺杂的莫名情绪，躺在狭窄而憋闷的汽车上铺，就这样，我离开了这个城市。

我在上海待了大半年，后来失业，过年提前回家。年后，没有出路。有一个在深圳的远房叔叔打电话给我，问我想不想去深圳。我坐了火车，从阜阳到上海，回到以前上海住的宿舍，整理了一下书和衣服，在那待了一天，第二天早上六七点的时候，我就坐上一列经过深圳的火车了。

　　没有朋友，同住的一个小伙子送我下楼，帮我拎行李箱到公交站台，然后说，那我走了啊，你多保重。他走后，我想起马尔克斯，《无人给他写信的上校》这个小说名，觉得自己是无人送行，内心里有一点悲哀。但还好有个他，让我不至于悲哀到底。

　　他是我以前做杂志时的一个同事，做设计，安徽人，后来也兼职做销售。我走的时候，留了一床被子和很多书给他。多年后他还感念我的被子，而我记得他的送行。

　　又过了很多年，他忽然打电话给我，说在腾讯视频看到《夜夜谈》节目有个陈保才，问是不是我。说他已经回到合肥，开了公司，请我以后有机会去合肥找他。这不久，我真的去了合肥，是帮一个珠宝公司做全国巡讲。他在晚上来到我的酒店，我们聊起当年在上海的事，感慨万千。

　　是的，我完全想象不到，当年一个想做销售的小伙子，如今真的在合肥开起了文化公司，还做得相当不错。而他也从没想到，我会成为情感专家。人生有无数个转机，没有人可以被定义。也没有人被写成一个固定的答案。而你想要什么样的人生有时候你自己都不知道。但只要你一直

往前走，你就会找到它。

孤独地往前走，走出一个美好未来！

下一秒女神！

我第一次认识 Z 的时候是 2011 年，我做新书发布会，有个朋友邀请了两个朋友，一个是 J，一个就是 Z。Z 来得很晚，但买了好多书，新书发布会结束，我们一起去海边，我送给她们好多丝袜和礼品笔。

婉瑜、婉瑜的弟弟、琴、我、Z、J，兵分两路，两辆车，我坐谁的车不记得了，总之各种塞车之后到了海边万科十七英里，一个书院里。主人婉瑜带我们参观书院，茶坊，琴台，各种唐风汉韵，上上下下，天台，天井，院落，走廊，都看了一遍，大家都很惊叹，觉得那地方不错，尤其是书院的气氛，在当代非常稀缺，纷纷坐在琴台和屏风后拍照，很想回到古代。

那一晚，婉瑜的妈妈和弟媳做的饭，家常小炒，素菜为主，婉瑜拿出自酿的青梅酒，大家边喝边聊，非常畅快，不知道为什么，聊到最后，有人提到了《欲望都市》，有人提到了情感，于是，琴说，你看我们多像《欲望都市》的女主角，保才你写一个剧本吧，我们的故事都够你写的了。我感觉确实像，只是他们有什么故事，还不太完全清楚，要写，恐怕还需继续了解。

大约是太开心了，也许是酒精的作用，婉瑜说起了自己的婚姻，曾经的家暴，说那个人如何残忍，又如何痛苦，她给过多少机会，但最后还是无济于事，因此，十年后，终于分手。说到动情处，不禁落泪。我们都安慰她，觉得她今天修炼得很好，能说出来就是勇气，她也觉得确实是的。然后，受触动的人们开始谈论自己的感情，J比较幸福，嫁了一个高管，刚生了孩子，情商高，属于超级幸福的那种，Z说她曾经送男朋友出家，那是什么感觉？她大约谈了几分钟，为什么出家我没记清楚，但我知道她要表达的是，她男朋友出家时她的难过但她挺过来了，以此安慰婉瑜，人都要忍受痛苦。

我后来记得了，那次还有个男生，做广告行业的，是Z正在约会的男生，只是那男生好像不是特别开心。在到达别墅停车时，我见到过他。让他上去，他不去，就坐在车里等。后来，吃完饭后大家回去，此人做的是Z的车，在罗湖某个地方下车。Z说是正在交往的人，但感觉对方

有点小心眼。

那之后，我和 Z 短信联络过几次，一直约着见面，但从没见着。那时候听说她自己开美容店，有十家连锁，超有钱。琴是这么说的。

之后我们再没联系过。

2013 年，我和婉瑜一起做韩国邮轮高端财经峰会，做线下推广大会，在深圳国学院，和内蒙古、山东、湖北商会等合作，来了一个嘉宾，我一看是 Z。当时匆忙打了一个招呼，没有细聊。后来，朋友 H 发来一组照片，说这是她朋友，深圳电视台的主持人，单身，很漂亮。我一看，这不就是 Z 吗。Z 啥时候变身主持人了？后来不知道怎的，就跟 Z 联系起来了。

刚巧我那时候在做高端派对，Z 单身，要来参加。有一次，她还在苏州参加世界瑜伽大会，为了我们的派对，她还特地订了机票飞回来。Z 前后参加了大概两次活动，很受欢迎，因为她很漂亮，长得像观音，又会瑜伽，修炼得不错。但婉瑜说，Z 怎么还参加相亲啊，不是结婚过了吗？又离了？婉瑜说 Z 需要修炼，婉瑜是个传统文化信徒，连我做交友婚恋她都觉得不是正道，应该去研究国学才是。她潜意识里觉得 Z 需要个人的修行。我听后不置可否。

　　Z 从苏州飞回来那次，活动结束，她送我回家。她说很希望早点结婚，因为要生孩子。她跟我讲到了她的情况，她确实有过婚史，对方是个设计师，但在回她家过年时，他和家人发生冲突，摔门而去，她冲出去，觉得他过火，他不仅不道歉，还将她扔在公路上，自己开车走了。她觉得天昏地暗，一个女孩子被扔在马路上，那是什么感觉？她感觉不到他的爱，而且，他对她母亲比较冷淡，她母亲当时正患忧郁症，她很焦心，也需要照顾，但他不是理想的女婿、丈夫。

　　她说好男人难碰，所以拜托我多留心，帮她找优秀的。

　　那时 Z 已经不开美容店了，在做养生节目，还参与了一个有机食品项目。

　　后来我们还一起做过一场活动，在高尔夫会所，是她当时交往的一个高球教练提供的场地，但是她也说，公司运营出了一点问题，资金周转不灵，请那个男生帮忙，男生居然要她写欠条。她问我什么意见。我说了我的判断。她说，她和那个人也是试着交往，还没达到让她动心的地步。

　　再后来我们在华侨城见过一次，先喝咖啡，然后吃饭，H 也来了，Z 说有个"派对动物"追求她，她问我的感受，

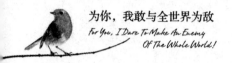
因为那男生我也认识，帮我主持过几场活动，人很开朗，但经常参加各种派对，据 H 说，情史有点乱。Z 和"派对动物"交往了估计十几天，应该也有亲密关系，但很快戛然而止。两人绝口不提。当然 H 应该知道一些内幕，她和我提起过。

另一次，是将我的一个朋友介绍给 Z，但是，饭局结束，Z 问我，你觉得我和他合适吗？那个朋友是科大硕士，金融才俊，财商很高，正是 Z 要找的富豪，但帅哥可能个头不高，外形保守了点，而帅哥则觉得 Z 是娱乐圈中人，可能复杂，不适合自己的择偶要求。那一次，Z 告诉我，她准备辞去电视台的工作，因为觉得没啥意思。她想出一本书，咨询我的意见。我们聊到很晚，最后才散。

这期间，Z 也对我一个医学博士朋友产生过兴趣，不过两人似乎并没来电。给我的感觉，Z 那时候正处于低潮期，很想结婚，恨嫁，因为到了那个年龄，特别想要安定。关键是，Z 曾经明言，她主要是想生个健康的宝宝，所以才急着结婚。但是，好男人那么少，而 Z 有时候情商不是很高，甄别坏男人的眼光欠缺，情路不顺。包括中间被另一个音乐博士欺骗，两人约会，但 Z 却接到一个北京女人的电话，说是博士的女朋友，Z 气崩。

H倒是经常见我，作为共同好友，我们有时候会谈到Z，其实我们都希望她好，看到她为情所困，都想帮她。那时Z也接主持的活，一般主持费也就一小时几千块钱。加上年龄不小了，该何去何从，我和H都建议她参加选美，弄一个冠军头衔，这样就有一个身份，Z真的参加了。

后来听H说，Z很认真地找赞助，拉广告，很看重那个奖项，选美大赛发布会那天，我看到她了，简短聊了几句，便分开了。

某天，忽然有人告诉我，Z得奖了，现在发展得很不错。我知道Z得奖，整个过程我都知道。不过，Z确实发展得不错，接了好几个广告代言，去重庆主持了一个活动，据说出场费都飙升十几二十万了，还去了美国。参加了国际总赛，发回来许多报道。我感觉Z的人生翻了一个篇，又上了一个台阶。果然，看Z的朋友圈，交往越来越多，活动越来越广，活动档次，层次都还不错。见到H，我跟她说，Z最近发展不错啊。H说，一阵新鲜，过了那个劲就没了。H是过来人，冠军的头衔只会热一两天，之后便稀松平常了。H还说，Z应该趁此机会，找个人好好嫁了，毕竟混娱乐圈不容易，应该定好位。还说起Z的一些江湖八卦，我听后，很为Z担心；H说，深圳这么小，做事要

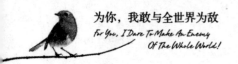

为你，我敢与全世界为敌
For You, I Dare To Make An Enemy
Of The Whole World!

谨慎点，这样不注意，很不好的，怎么混呢？可是，我们的担心都是多余的。因为我后来发现，Z发展得越来越好，远不是我原先认识的那个人了。

Z不仅接了时尚广告，还接了金融广告，还开了自己的公司，去国外拍电影，她现在真的又找回事业的自信了。而且，我再听不到Z想结婚的说法和念头，也许她终于明白，对女人来说，事业也是一个更好的安慰，而且，在真正的好人未到来之前，你也不用着急，一切着急都是白费工夫，不如静等，做好自己，这才是女人应该有的底气。

其实Z人很单纯，没有太多心机，有时候会给人留下一些闲言碎语，加上朋友圈的照片都是深V，露事业线，有时候还和一些男士有暧昧的合影，看起来更容易让人觉得随便，H就说她曾经给Z介绍过一个法籍华人，但人家一看Z的朋友圈，那些和情色导演的合照，就觉得和她不是一个世界的人。H觉得这样不好，但我觉得，Z就做自己，这样挺好，包括她的爱情，经历的那些渣男，也没什么好恶心的，因为这些都是人生的经历啊，你总要遇见一些不靠谱的人，才能找到对的人；那些觉得自己占了便宜的男人，其实何尝不是虚妄，他们怎么知道Z没有消费他们？在一个女性成长为女王的时代，男人和女人，谁消费谁还不知道呢。

另外，我觉得 Z 给我的最大启迪就是，你别担心人生走入了谷底，真的，有时候那些艰难或许恰恰是机遇，当你勇敢地站出去，人生就可能真的翻篇。这一点，Z 是最好说明，她的人生在选美前后，真的是两个世界，而如果没有选美，她今天可能依然在泥淖中爬行。

而作为普通女孩，不一定会参加选美，但人生有些重要关头，有些时刻，如果你能抓住机会，那你的人生定将踏上一个新旅程。

我见过你最丑的样子

现如今，整容已经不是新鲜话题。我很多年前做女性杂志就策划过微整形专题，当时很多读者打电话来，都纷纷问整容哪家强。整容的接受度还是很高的。不过，也有例外，曾经看过一个新闻，有个男子向法院起诉离婚，因为孩子很丑，而老婆很漂亮，调查发现老婆是整容过的，觉得自己被欺骗了。

彭浩翔的电影《小团员》似乎也有这样的剧情，梁咏

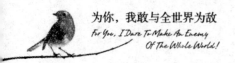
琪演的老婆和古天乐生了一个长得很丑的女儿，古天乐就老担心女儿将来受男孩子欺负，不断地锻炼她，将她打造成女汉子。而梁咏琪演的妻子是整过容的，古天乐这个角色还是很在意的。

不过，大部分人都是能接受的吧。我认识好多恋爱、结婚后去整容的姑娘，为心爱的人变美一点，不是挺开心的吗？于人与于，其实都是一种好事。而有的人还非常大方，会公开自己的整容秘密。前天录节目，一个美女嘉宾就告诉我，她垫高过鼻子，削过两颊，因为她本来有点龅牙，下颌突出，所以垫高鼻子就显得龅牙和下颌不明显了。这样的自信、自然真的让我很赞叹，出乎意料，只有佩服她的勇气，没有任何歧视。

我想大部分人都是像这个女生一样的吧，整得光明磊落，没有什么见不得人的。而更多人也会像我一样，觉得整容很正常。可是《克拉之恋》里，米朵却觉得整容是一件很丢人的事情，是内心的秘密，不能向任何人说，所以她会为了这个秘密吃苦受累，甘愿忍受许多委屈，她觉得自卑，不光彩。其实，完全不必这样。

她只是发生了车祸，毁容了，之前是个胖子，车祸后顺便整了容，变成了美女，这有什么不可告人的吗？因祸得福，本来该庆幸才是。"你看，我出车祸后反而还变美了"，梦寐以求，求之不得，多好的事情，完全不必烦恼。

但她却非常怕男朋友萧亮知道。所以就容易被知道内幕的人耍弄。她也有机会告诉萧亮，但因为种种原因，沉浸在幸福里的萧亮并没有得知这个信息。婚礼上，情敌将她之前的照片放出来，萧亮觉得她骗了自己，愤怒取消婚礼，闹得不可开交。她请求他原谅，告诉他，你是知道的，我曾经告诉过你。可他就是不听，还说"我再也不想见到你了，你没资格做我的太太"，他将她的信撕得粉碎，告诉她的追求者，我不要她了，你拿去吧，这种耻辱，真让人怀疑他的品格。

其实，不就是一个整容吗？就算骗了你，可这几年，人家对你咋样你不知道啊？那么好的一个姑娘，那么爱一个人，怎能一下子就全盘否定，全盘打翻？那么爱的一个人，不爱的时候就可以肆意践踏对方的尊严，这样的男人要他干什么？

说到底，人就是贱。一个对你好的人，你偏偏没有感觉，就算有感觉你也觉得没那么强烈，不肯接受，而那个对你实在不咋样的人，你却心向往之，甘愿为之付出所有，甚至牺牲自我，丧失尊严，丢掉人格。

　　相比之下，还是男闺蜜雷奕明值得爱，为她付出所有，上刀山下火海，赴汤蹈火在所不惜。雷奕明说，我见过你最丑的样子，所以我永远不会嫌弃你。而萧亮永远见到的都是米朵美丽漂亮的样子，当然没有那种感觉。可是有时候，我们就是害怕嫁给那个见过我们最丑样子的人，固执地不肯接受他，那是因为我们自己不肯面对过去的自己，不肯接受过去自己最丑的样子，心有恐惧，暗疾。

　　其实，那个见过你最丑样子还依然爱你的人才是真的爱你。因为你不可能永远那么美丽，你终会有一天面目憔悴，容颜枯萎，只爱你靓丽容颜的人看到你这样萎落定会相当失落，而爱你最丑样子的人却会倍加珍爱你，包括你苍老的脸上痛苦的皱纹。

　　我见过你最丑的样子，这才是真的你。那个永远有魅力永远动人的你，只是一种表象，一种幻觉，是你展现的最好状态，只是你的一部分，但是，你还有其他状态，是无法让人激动心跳的，你怎么可以抹杀掉那平凡的大部分？

　　所以，如果我是米朵，我一定会选择雷奕明，一个可以接受你最丑样子的男人，一个为你不惜一切，生死不顾的人，世界上还有什么比这样一个人更让人温暖吗？

在这个看脸的时代，笨鸟还能先飞吗？

　　很多年前写过一篇文章，《一笨到底》，当时写的是自己在人际关系和爱情方面都挺笨的，没什么悟性，什么都比别人慢一拍。也就是刘德华《笨小孩》里唱的，普通的笨拙的小孩。但是，自己还坚持，觉得笨就笨吧，反正这世界聪明人已经够多了，我就做自己，慢就慢了，晚就晚了，耽搁就耽搁了。

　　然而，现在看，却发现当年的心态在今天已经不合时宜了。尤其是这是一个日新月异的社会，科技发展迅速，新事物也层出不穷，如果不聪明一点，不跟上时代，真的被甩出去老远。我经常被冠以"笨"的名号，比如，别的男生会修电脑，我不会，别人很容易就会开车了，还懂得各种构造，可我看驾考的书怎么都看不出意义来，打开汽车前盖，看着那些七拐八拐稀奇古怪的装置，发动机、电瓶什么的就觉得复杂，只想逃，觉得这不是我想要的。让我修车，真的没有可能。

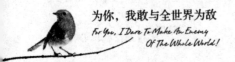
　　歌妮经常会说我笨。有一次门锁电池没电了，我找来工具，将盖子拆下来，换上新的电池，结果却怎么都拧不回去了。歌妮过来，三下五除二就拧上去了。回头，我只落得她一个"笨"的评价。这种评价是伤人的，然而，站在她的角度却可以理解，所以她有时候也沮丧，怎么嫁了个这么笨的人。我有个朋友是某都市报的记者，也是姓陈，也是不会修灯泡什么的，不过他老婆是工科女，女汉子，什么事都自己干了，还不会怪他，而我却总被歌妮教训。我想改，但有时候大脑会瞬间短路，反应不过来。

　　事业方面也是。虽然小学五年级就发表散文，但真正热爱的是文学，对应用文还是不太喜欢。当年刚来深圳时写人物访问，领导就告诉我，要怎么写怎么写，我说，为什么要这样呢？领导说这样容易突出人物的个性。后来请了一个特区报的老记者给我讲新闻的写作，发现人家一套一套的，思路非常清晰，第一段写什么，第二段写什么，中间怎么突出，后来怎么转折，最后怎么收尾，起承转合都格式化了。而我，却想写不一样的东西，所以我更难。

　　我有个同学，文学修养当然没我高。可他做新闻，两三下也就熟悉了，学的东西能致用，马斯洛需求原理这么简单的事我都不会想，因为我觉得大家都知道。可我同学将它用到写新闻里，反而还得到领导的认可。早知如此——
我会想。但我就是会忽略掉大家都懂的事，会放弃普通人
都能做的事，走一条弯曲的路。朋友的写作完全格式化了，
而我却总在想，怎样才能突破。

　　再比如出名。微博刚兴起时，某情感专家发营销信息
给我，让我关注他的新书，我心想，你谁啊。看名字也不
认识，完全没放心上。结果人家一年后就名声大噪。后来
更一路红到不行，粉丝数千万。还有一个男生，大学时才
开始写作，还请文学社的社长给指点，可我五年级就发表
作品了，大学时发文章都是在国家级期刊上，学校的文学
社我从来没看上过，但那个人现在书卖的比我火。

　　这两个人，未必比我写得好，但却比我红，究其原因，
人家会营销，这是主要的。会营销也是聪明的一个表现。
我出《细节给力　爱情得意》一书时就有一资深美女建议，
赶紧砸几十万炒作一下，炒红了就一切都有了，不红还不
如不出。我当时囊中羞涩，无力炒作，也无意炒作，我以
为它靠实力自然会红。现在想来，美女是对的。

　　某社的一个美女编辑跟我说，他们同事都觉得我比某
知名作家帅，比他写得好，却不红，天理难容。他们为我
惋惜，而我自己，却不再那么较真了，毕竟，我缺乏那种

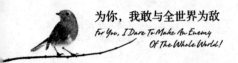
红的聪明。

这时代是看脸的，但也是看营销和炒作的。如果没有足够的策划和包装，就算你有实力，你也未必出头。要熬多少年啊。所以，笨鸟先飞，这话其实有点站不住脚了。但我们还是坚持。因为我们知道，这世界上只有三种人，一种是努力先飞的，另一种是嫌累不飞的，还有一种自己不想飞，拼命催促自己的下一代飞。而我属于笨鸟却一直在飞的，我相信，只要飞，就可以到达巅峰！

每个女生都应该为尊严而战！

很多年前我做过一个设计网站的主编，说是主编其实就是编辑，因为编辑部就我和一个程序员，他主要负责技术，后台，我负责内容。

网站需要转载很多有意思的设计。有一次，我转载了一个本地设计师的访谈，他是北京申奥形象标识设计的设计者之一，在深圳也算一个人物。他的名字里有一个"韶"字，我写的时候写成了"绍"字。他看到了，不高兴。改过来不行，还要撤销。我觉得太小题大做。后来我领导说，你不知道，这人很牛，向来喜欢较真，最好发个道歉声明给他。但是后来也没有发，因为领导跟他也算相熟，再说我们是媒体，他也还是给个面子的，领导跟他电话致歉，这事情也就过去了。

后来我转做女性杂志，开始在新浪写博客。有段时间，我的文章都是点击量几十万，首页上都是我的文章，他也写博客，来我这里溜达，还跟我互粉。我通过了，但没怎么交流，主要是没交集。我彼时已经开始做女性时尚，对设计什么的也没兴趣，再说我心里想起那时候，他那么傲慢，觉得应该是个不好交往的人。而他不知道，当年他坚持要求撤掉那篇文章的编辑就是我。

像这样的牛气的人很多。其实有时候，这有两种理解，一种是他们对自己的尊重，另一种是过火。本来，写错了，道个歉，也就过去了。但有些人呢，过于看重这个事情，就会让你正式道歉，或者用其他方式处理，结果就会让人觉得过火。

凡事都有个度。太过较真也会比较恐怖。

与之相反，我恰恰是个不怎么较真的人，人家发我的文章，有的没给稿费，我都没怎么找人家，比如某晚报，还有一个什么女报的，我打过电话，但对方推脱来推脱去，

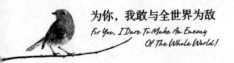
我就放弃了，那么麻烦，不如留点时间写点新的东西。

还有时候，人家转载我的文章，居然没署我名字。没看到就算了，看到了有时候也会不爽，忍不住就告诉他，人家说，在网上看到的，网上就没名字，我也就放过了。只有一次，有一个公众号转载了我的名字，留言也不回，我就只好安排助手举报了它。但是，举报后又觉得于心不忍，人家会不会觉得我太较真？

可是，我是对的。对那些发我文章不给稿费，转发文章不署名的人，难道不该这样对他吗？但是，我偏偏是个哈姆雷特性格，有时候下不了手。看来，要想做大事，走更远，还得心狠手辣一点，对别人不客气一点，像我这样太客气了，反而让自己不快乐，真是不划算。

尤其是有些女生，在爱里总是将自己的尊严降到最低，放弃了尊严，也就放弃了自我；放弃了尊严，也就等于告诉人家，我无所谓，你怎么对我都可以。那么，别人当然以最坏的方式对你——最坏的方式往往最俭省、也最让对方爽，所以，你被虐待了。

那么，姑娘们，从明天起，做一个为自己的尊严而战的人吧，你会有意想不到的收获！

我们都曾狂放不羁，最后选择平淡！

参加江苏卫视《蒙面歌王》的半决赛录制，以情感作家身份担当乐评人，让我看到了谭维维和尚雯婕同台。

这两人2006年参加超女比赛的时候，我没看。那么火的节目，我却没看，因为我向来很少跟随大众，主流。2009年，某网送给我几张票，在深圳音乐厅，听谭维维的演唱会。是个小型演唱会，大约四五百人的座位，听到一半，同去的辉仔就说不好听，要走，我就陪她们一起走了。直到这次，看到现场的谭维维和尚雯婕，才对她们多了一些了解。

其实，谭维维在上超女之前，就已经开过演唱会，参加过很多歌唱比赛，拿过很多奖，甚至还去过维也纳音乐厅。但是，在超女的总决赛上，她却不敌尚雯婕。而尚雯婕，也是一个非常棒的女孩，有很好的时尚触觉，电音魔声无可比拟，号称"电音女王"。2009年，谭维维出过一张专辑，《谭某某》，同名歌曲唱到，"两千零六年夏天我上

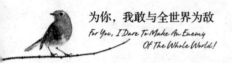
了杂志封面，可惜是三人合影 SOSO，我站在冠军左边陪
她嬉皮笑脸，她样样都不如我 WOWO……"这歌词被解
读为嘲讽尚雯婕，激怒尚雯婕。两人当时并没有多少交集。
这几年过去，在《我是歌手》的舞台上，尚雯婕与张靓颖、
周笔畅等同为被邀请歌手，而谭维维作为踢馆歌手出场。
两人都没拿冠军，但谭维维踢馆成功，又与摇滚歌手一起
演出，赢得了不少掌声。而在这次的《蒙面歌王》上，谭
维维披荆斩棘，一路怒放，最终在第七期称王。尚雯婕遗
憾离去，并拒绝揭面。这一次，谭维维为自己打了一个翻
身仗。尚雯婕说，她知道"野草"是谭维维，"她能来我
很高兴！"看来两人还是惺惺相惜。而谭维维则说，这次
称不称王真的不重要，9 年过去了。我相信她说的是实话，
她只想唱更多好歌给大家听。

谭维维承认，当年确实有这么狂妄的想法，2009 年的
时候，其实已经觉得自己幼稚，所以才会写这样的歌词，
嘲讽当时的自己。而不是像被媒体和粉丝炒作的嘲讽尚雯
婕，因为到了 2009 年，她已不再那么自大狂妄了。

每个人都曾狂放过，但岁月会让他们更加成熟，一如
谭维维，她说，目前就只想唱歌，唱好歌，至于是否称王，
她已经顺其自然或者看淡，所以才能放开了去唱。而年少

的时候慷慨激昂，甚至不知天高地厚，她目前也不后悔，因为那毕竟是曾经的自己。

回想起来，我们都有那样的时光。我记得，我初三毕业的时候，班主任问我们上了高中报文科还是理科，我当时大言不惭地说，我要报文科，我要考复旦大学新闻系，我要当记者。那时候记者还是很高尚的职业，无冕之王。三年后，我并没考上复旦，而是读了一所师范大学，如今见到那老师，都觉得惭愧。2005 年的时候，我在天涯传媒版写文章，用的笔名居然是"第一才子"，那时候真敢用，明明写的是小文章，还觉得自己写得有多好。现在看来，那时候的文章多半不成熟，真情实感是有，真性情也有，很随性，但文笔还不够老道，谋篇布局，思想，见识，深度，高度，都还不够，但当时没有觉察啊。现在看到别人用"中华第一才子"、"岭南才子"、"江南才子"就觉得好傻，而当年自己也傻过啊。

我有个朋友，高中的梦想是做政治家。后来说政治太黑暗，危险，就想当律师，但后来发觉做律师也不能实现自己的梦想，就报考了经济学院，图个安全，后来的后来，他在一个国企工作，安逸，无梦。当年他可是我非常欣赏的人，成绩优异，有理想，而如今，他完全放弃了过去的

为你，我敢与全世界为敌
For You, I Dare To Make An Enemy
Of The Whole World!

志向，只想过平静的生活。

另一个同学也是，他原先也有从政抱负，大学考了英文系，被调整到俄语系，觉得俄语难，就报考了政法硕士，我们都以为他考上了公务员，哪知道他后来告诉我们，他在私营企业做行政，后勤，原先的梦想早扔一边了。

另一个女同学原先想做歌手，是整个校园的风云人物，多年后她为生计做了销售。她说，梦想照进现实需要许多条件，而她条件不够。这算是认命吗？

其实很多人年轻时都胸怀大志，后来发现社会并没那么好混。于是最后选择平淡，被生活招安，或者说，败给了生活。就如有句话说的，社会把我们磨圆，是为了让我们滚得更远。可是，大多数时候，大家磨圆了，却不滚了。

　　这并非是大家不奋斗了，或者放弃了梦想，而是社会的结构真的是这样，只有 1% 的人可以实现自己的梦想，而大多数人都要将就地过一生。怎样成为那 1%？这是另一个课题！

我一生最大的幸运就是跟你做了红颜知己

　　最近看了一部年代剧，《大丫鬟》，马雅舒、吴卓羲等演的，歌曲很好听，就记得其中一句歌词，"尘埃里开出花一朵，是红颜"。

　　想必词作者是个很懂张爱玲的人，所以是尘埃里开出花。但，是红颜，这就注定了，红颜不能被束之高阁，不能被珍藏，注定要吃尽苦头，历尽艰辛。其实，原先张爱玲说的"尘埃里开出花来"，是说爱情，说爱的投入和卑微。这里的红颜，也卑微了。

　　诚如大丫鬟里的采青。她本是老爷的私生女，后来妈妈被夫人害死，她虽然留在府中，但是做丫鬟。她爱上了二公子，却被告知她和二公子是兄妹，所以不能结婚，无奈之下，她被迫和方少陵达成协议，后来听说自己和二公

子没有血缘关系，她又迫不及待回来找二公子，不料被夫人抵押给萧家，做丫鬟。好不容易和萧家的公子清羽相互爱慕，却又遭到少陵的算计，被强抢了去。后来，她费尽心思，想和清羽私奔，却遭到少陵的打击……命运真是够波折。

这样一个女子，众人都爱，是她的幸运还是她的不幸？如果她不是这样冰雪聪明，独特别致，也许不会有那么多人喜欢她吧？如果她是个不那么让人喜爱的女子，也许，对她的争夺会少很多吧？然而，她偏偏是个让人不顾一切爱上的人，她是红颜。

是的，我之所以说这么多，就是想告诉你，红颜不是随便一个女性朋友，不是随便一个人都能叫红颜的，红颜是那种特别美丽，漂亮，聪明，聪慧，知性，深刻而又独一无二的女性。红颜是你最爱的女子，但是，阴差阳错，或者造化弄人，你们最终没在一起，这个时候，你们只能做知己。

多年前有一个女孩，和我很聊得来，但是，我们却不能走到一起，因为我当时的条件和她想要的生活隔着千山万水，差距太远，不能同步。我念念不忘。她说，愿意一辈子与我做朋友，做我的红颜知己，一辈子的灵魂伴侣。

那一刻，我忽然就觉得悲凉，按说应该超脱，因为有些人，你注定只能在精神的世界里遇到她，在凡尘的生活里，你无法触摸。但我就是觉得只有爱才是最高的赞美，如果一个人真欣赏你，一定会想尽一切办法跟你在一起。对于知己，我们只能说，她是退而求其次的一个选择和安排。

我 2006 年的时候还写过一篇文章，《我一生最大的幸运就是跟你做了红颜知己》，为什么这么写呢？因为一旦跟那个人在一起，说不好将来会发生什么。但是因为没在一起，反而不会产生矛盾，这也许是最好的结果。就如我曾经写过的另一篇文章，《谁会傻到跟最爱结婚？》因为和最爱结婚，最爱也会变成衣服上的饭粒子，而不结婚，她便永远可以当你的"女神"。

而多年以后，我和这个红颜知己也不怎么联系了。所有的心思都在身边人身上，年龄大了，越发知道什么才是最重要的，妥帖而实在的温暖，抱在怀里，暖在心里，烟火人生，一起相伴；而红颜，多么虚幻，多么缥缈的存在。

我今天已经不再惦念过去的任何女孩，有的见了，不再有感觉，有的未见，仅看照片都觉得没有当初想象的那么好，没有太太好，当初为什么会迷恋呢？也许因为她们也年华老去了，我没有了那种心思——我男性的心理强烈

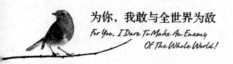
地凸现了，我像大多数男人一样，只喜欢青春靓丽的容颜，只喜欢 18 岁。所以，如果我会迷恋上什么人，她也不会是少妇、熟女，而是小萝莉。

但是，小萝莉又无法在精神上让我爱上，所以我是不可能再爱上谁的。但其实最根本的原因就是，我对太太的热爱，真的发现，她才是世界上我最爱的人，其他人，不过是青春岁月里的过客，即使红颜，也无情飘逝。

所以，那些青春时光里的女孩，我最大的幸运是和你们做了知己，而我最大的幸福则是遇到了枕边人。

梦想从不晚点，人生总不绝望！

很多年前，当我刚进媒体的时候，就听别人传诵杨锦麟老师的大名；那时候凤凰卫视在内地媒体人眼里是非常崇高的，可惜我一直没机会看到节目。

某天，我在一家东北餐厅吃饭，看到了凤凰卫视的节目，刚好是杨锦麟老师的《有报天天读》。节目的形式就是在电视上读报。餐厅嘈杂，听不真切，但看杨老师翻阅各类报章，三言两句，就一针见血，直指本质。那时候我是个文学青年，努力了很久才进到媒体，后来又离开党报做了女性杂志，我觉得我离政治越来越远了，也就渐渐远离了新闻节目，只是杨锦麟老师的节目我是必看的。最特别的是他的方言普通话，有毛主席的湖南话那种功效。

2011年，我从女报辞职，想做电视，但没有机会。想做自己的节目，但电视台的朋友说需要投资上千万——那时候还没想到网络节目。这时认识了传媒人杨磊，他当时在香港卫视，做内地运营代表，有一次见面，他跟我说杨锦麟老师做香港卫视副总裁兼执行台长了。我想人往高处走，一定是香港卫视有吸引杨老师的地方。

后来，我就开始创业了，写书，做活动，也开始做深圳卫视、凤凰卫视的一些节目，但没有火。生存的压力还是很大，扬名立万的压力更大。那时，看到好的电视节目就会主动联系人家，让自己突围出去。有一次，在腾讯视频看到了杨锦麟老师策划主持的《夜夜谈》，心想，这节目适合我，只是，节目上也没留联系方式，不知道找谁。

再后来，《夜夜谈》的制片人欧文兄在微信上邀请我录节目，当时《舌尖上的中国2》刚火，我刚出了美食书《恋上你的味儿》，只是，啥时候加的欧文兄微信我也忘记了。他来请我，我当然很高兴了，但因为通行证过期，我接连

错过了两次录制机会，不久，通行证下来，我终于去录节目了，不过是关于爱情。

在香港观塘，我终于见到了杨锦麟老师。第一次晤面，我完全被杨老师镇住了，因为他的气质，服装，造型都很像老上海时代的大佬，名流气场，让我觉得自己太瘦弱。杨老师人非常好，实在，温暖，握手之后，便开始直入主题，录节目。第一次好像录了三个话题，不休息，不 NG，一口气录完。杨老师给我的感觉是，概括力特别强，睿智，深刻洞察，敏锐。不管谈什么，他都能找到切入的角度，有时候我们谈乱了，或者没有章法了，他很快又能收回来，扭转局面。最让我佩服的是他控场的能力和话题的开篇及结语，总是高屋建瓴，直指要害，而且，坦诚中肯，提出殷切然而也是严厉的拷问，让我望尘莫及。

和杨老师熟了，节目中也会开开玩笑，扯一扯八卦，这往往是节目中谈到爱情的时候，杨老师便会问，保才你有研究，你是爱情专家，你说说。其实，我能说啥，前辈面前，我资历尚浅，不敢班门弄斧，不过好在婚恋是我的研究方向，有时候也语出惊人，大胆前卫，讲出许多惊世骇俗的内容来。

后来我出了一本书叫《第三只眼看男人》，编辑非要我请杨老师推荐，我都不好意思，但编辑一直恳切要求，我就只好冒昧一问，没想到杨老师同意了。百花洲文艺出版社同时出了我两本书，也要用杨老师做名人推荐，我这次真不好意思了，编辑说，你上本书都请了，于是，我又硬着头皮跟杨老师说。杨老师又应承我了。我真的好感动，同时也打算，以后不能麻烦杨老师了。

有一次，去得早，不急录节目，我就去杨老师的办公室坐一会，香港作家许骥兄也在，他刚从明报辞职，跟杨老师说起，杨老师给了很多很好的建议，让我感到他对年轻人的真切关心和提携。现在像他这样的媒体人可不多了，许多人都明哲保身，各人自扫门前雪，而他还心怀天下，目光敏锐，容不得半点恶行，这实在是对这个民族的大爱。我少年时代也写过时评，只可惜，后来觉得改进社会的效果不大，人微言轻，就不写了，专攻爱情，相较之下，我更加佩服杨老师。

其实，杨老师的标签就是对丑恶零容忍，穷追不舍，对人性的善，对正直和真知灼见，非常呵护。我了解他后才知道，他之前写了很多专栏文章，还有个笔名叫"陈子帛"，于是就赶紧找来拜读。在我看来，杨老师取得的成就，是他不断修行得来的，他时刻都在学习，一直在接触新的

事物，思考让社会更美好的途径和方案，这是许多年轻人
所不能比的，正如杨老师自己对某报说的，他比很多年轻
人还思维敏捷，精力充沛，我们做节目经常也谈到这些健
身啊，逆生长，或者怎样继续学习的话。杨老师特别欣赏
有才的人，不媚俗，不讨好，疾恶如仇，但也不惧权力，
敢言敢写，这是我们非常欠缺的。

　　说到关爱，杨老师对青年人的关照真的非常细致，有
一天我发了一条微博，《再漂亮的女生我也不会心动》。
言下之意是我很爱我太太，撇除花花草草的诱惑。杨老师
留言说，这是早衰的先兆，要注意。我说好。有一次杨老
师发了一段文章，《中年是杯下午茶》，我觉得好，还受
启发，写了一篇妙文。而杨老师的新书《夜夜谈》则和我
的新书《在荒凉的世界温暖相爱》是同一家出版社。我很
喜欢杨老师给《夜夜谈》做的片头，"人生苦短，岁月不
可回头，但我相信文字可以打败时间。"我想，我在心灵
深处，是和杨老师有某些共性的，要不然我怎么那么喜欢
《夜夜谈》的片头"浅酌细谈夜归时"呢？也许我骨子里
也有杨老师那种气质吧。

　　而最让我震惊的是，我看到一篇关于杨老师人生经历
的文章，完全打破了我之前的想象。我之前一直觉得杨老

师比较幸运，想象他的媒体之路是顺畅的，但没想到，他走到今天，经历了那么多曲折。

那是杨老师在拙见上的精彩演讲——杨老师1953年生于厦门，初中才读了一年就遭遇了文革，十几年无书可读。1978年他被允许高考，得知消息时离开考只剩20天，15年没摸过课本的他凭着一股不成功宁死的韧劲和坚决，一举考进了厦大历史系。毕业后，杨老师任职厦大台湾历史研究所，一年只需写两篇论文，这让他闲不住了。1988年，因为当时在台湾的外祖父的机缘，他来到香港。此时已经35岁的他忽然觉得这是一种冒险，"一过罗湖桥我就后悔了，你的学历，你过去的努力全部归零。但人生无悔！"果然是全部清零，人生等于从头开始，从头学习，金融，商业，他如饥似渴，那些年，杨老师做的职业有投资顾问，分析员，记者，编辑，专栏作家。1997年，他在《快报》当到了编辑部主任，兼任主笔。金融危机让香港罩上了阴霾，快报倒闭了，杨老师失业了。"我帮我的手下同仁们找了工作，最后发现，没位子给自己了。""失业了半年，搬了三次家，为了省一点房租。那半年我老担心我会像那些日本中年男人，在老婆面前还佯作平静，最后穿得西装革履地离家出走，找个地方自杀。"

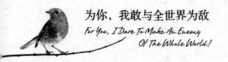

半年后，杨老师在《商报》谋到一份高级记者职位，重新写稿子。2000 年，互联网席卷香港，杨老师辞职，办起了《世界经济评论》杂志，互联网泡沫破灭，香港经济再次陷入谷底，杂志倒闭，杨老师再次失业，那一年，他50 岁。

那是 2002 年，时间已和我很近。2002 年冬，大四的我开始四处求职，揣着上千篇文章，想做一个记者，熟悉我的读者都知道，从安徽到上海，再到深圳，我换了很多工作，流浪了很多城市，很曲折地才进入媒体。而我以为杨老师一切顺利，却没想到，我们在那个时段，都在经历人生的煎熬。

2002 年，在镇江茅山，一个道长硬要给杨老师算命，"告诉我有一个机会，两个月内会自己找上门来，让我把握。把握好了，扬名天下，出全世界的名，挣全世界的钱。"杨老师有点不信，但也好奇，"难道是李嘉诚要雇我？"两个月后凤凰卫视打来电话，请他出镜主持，就是我们都知道的《有报天天读》。

2002 年，我冒着风雪在安徽的大地上奔驰，从阜阳到合肥，从合肥到芜湖，再到铜陵，我只是想做一个记者，但我却没机会，虽然我发表了很多作品。2003 年，我到亳州幼儿师范学校教书，2004 年辞职去《上海看电影》杂志，年底失业，2005 年到深圳，做《中国教师报》的编外记者，就是写稿加业务员那种，2006 年做地产文案，几个月后失业，做设计网站，之后进入党报，2007 年做女报，直到 2011 年。

这期间杨老师扬名立万，当年担忧"一身五花肉，谁要看我？"的杨老师，不仅有人看，还红遍全球。

2011 年 6 月，杨老师从凤凰卫视辞职，进入香港卫视，这是我和杨老师建立联系的开始。因为我有个朋友是香港卫视内地运营总监，只不过，杨老师还不认识我。

2011 年 9 月 27 日，休婚嫁的我等不及国庆放假，提

前到单位，递交了辞职；2012 年 9 月 18 日，我决定单干，再也不依靠任何人了。那一年，我刚买了房子，没有积蓄，没有后援，但我不想再上班了。我出了两本书，写了几千篇文章，但我依然过着寂寞的生活，小有名气，但又没有大名。

2013 年，杨老师从香港卫视辞职，成立锦绣麒麟传媒（国际）有限公司，正式进军互联网新媒体，与腾讯视频合作《夜夜谈》、《天天看》等先锋节目，而我也正在做财经杂志和高端婚恋顾问。

2014 年，我们终于相遇。

我之所以选择这样的写法，主要是为了对照。我第一次在餐厅看到杨老师的节目时，我以为他是那种很会混的一批人，人际关系稔熟，到哪都吃得开，我觉得他轻而易举获得了很顺利的发展，很幸运，了解他之后，我发现，他的人生同样波澜壮阔，曲折起伏，他全凭自己的才华和智慧，才有今日的尊荣。他从不妥协，更不钻营。

杨老师说，"人生就是这样，会有很多人不理解，也会有很多人等着看你的笑话，但即便是失败了，我们也是英雄，当然我们不会失败。"

这是一份坚定的信念，这是一份执著的人生，正是因为这份信念和坚持，杨老师才走到今天的辉煌。而我，也终于找到了自我，在情感领域，深挖，细耕，独树一帜。

2015年1月24日，杨老师参与"拙见2015·远行与回归"演讲，带着初心，讲述他坚持与改变、历练与涅槃的故事，那个标题叫"人生就是从不可能到可能——化不可能为可能"。我很喜欢这个标题。我自己的人生也验证了这个信念——1995年，我想上台唱歌，但语文老师说不要去，担心瘦小的我上台人家会笑。2002年，一个要好的学长告诉我，我毕业会留在亳州。2003年，我最好的高中同学告诉我，我真不明白你为什么一定要做记者？还是当老师吧。所有一切不可能都会被我化解——多年以后，我离开了亳州，去了上海，又来到深圳，我做了记者，又厌弃了它，我当了导师，去了更大的舞台，我到香港浸会大学演讲，我做凤凰卫视、深圳卫视的节目，那个不能上台的丑小鸭天天上电视，还滔滔不绝，侃侃而谈。

前几天，有个出版社编辑跟我说，我的新书《孤独地走向未来》写了太多自己的故事，像是自传，建议我增加名人故事。我说，我就是要写自己的经历啊，它们那么真实，更有教训和启发。编辑的意思是我还没那么有名，我想，那又怎样？我坚信我会有名，因为我相信自己的才华。

就如前几天江苏卫视《蒙面歌王》的半决赛，门外汉的我在专业评委里，依然可以突围，这是我的实力。

我想每个人都是从苦中起来的，从弱小长大的——我之所以写这些，就是想告诉年轻人，一切皆有可能。我知道我还没大红大紫，但这经历依然值得分享，因为它更真实，教训更多，吸收的智慧反而更多。

就如杨老师的人生，即使失败，也是伟大的光荣，当然，我们不会失败。这是杨老师说的，也是我想说的。

第五章

不妖孽，不幸福

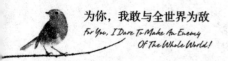
总有一个人来深爱你！

有天，一个小弟找我，问他最近在忙什么，他说忙做爸爸。我说，你几时结婚了？怎么就做爸爸了？他说是啊，不骗你，他真的结婚做爸爸了。

大半年前，他和一个女生分手，非常沮丧，连城市都换了，头也不回地去上海，我说，分手有那么严重吗？非要到另一个城市？他说是的，就是感觉去上海会好过一点。

他是个重庆小伙子，多年前我偶然走进一家梦幻的情趣店，和他打招呼，问他们店要不要做推广。那时候我做女性杂志，不负责广告，也不擅长广告，只是心血来潮地问一下。他很热情，说一定向老板汇报。在他的安排下，我和他老板见面了，后来有了很好的合作，再后来我和他、他老板都成了非常好的朋友。

他看起来有点屌丝，但是没关系，我们都需要朋友，真挚就好。而且，像我这样的写作者，反而不喜欢同行，喜欢陌生行业的朋友。因为可以无所顾忌，可以无话不谈，说白了，大家都是普通人，装什么装呢。

他一直单身，一直让我给他介绍女朋友，真介绍过两个，但都不合适，也许和他没买房子有关吧。他也参加过我的化妆舞会，但也没姻缘。我一直有点担心他，不知道他何时结婚。甚至，想到了"屌丝"这个词，觉得男人要是成功强大，在婚恋的市场上会很受欢迎，而他，因为太平凡了，所以一直孤单。

他一直跟我说，他有个很好的朋友，在北京，留学日本，做媒体，很有才华，要介绍给我认识。我说好，这事情也就过去了。两年后，她这个朋友真来深圳了，确实是个海归，很可爱的一个女生，能写，会唱，还出过一张唱片。他带她来见我，参加我的活动，并希望我帮她找个工作，我给她介绍了一个编辑工作，她没干多久就辞职了，她初来乍到，好像没多少积蓄，住他家。

后来，他俩就恋爱了。她说，他表白了，但她觉得做朋友好，问我的建议，我说可以试着交往，然后他们就在一起了，她说，容易吵架，某天，她告诉我，他要去上海了。我问她怎么回事，她说他也不知道，而他却非常坚决，非走不可，你说是不是很奇怪，她都不知道怎么回事，他

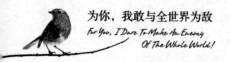

却感觉受了很大的伤。

我劝他不要离开，但他还是走了。这之后，我一直以为他单身，直到他告诉我，他孩子都三四个月大了，真是让人惊叹的消息。这也再次让我看到，不管多晚，总有一个人来爱你；朋友的同学觉得他不能带来富贵的生活，可另一个女生却不嫌弃他，而且，她深爱他，就如电视剧里，不管女二号对男一号有多痴情，总有另一个男三号在背后默默爱她，保护她，挺她。这世界是公平的，每个人都有深爱的人，也都有被深爱的可能，只要你是一个可爱的人。

我们到底为什么会爱上另一个人？

爱情就是一种癫狂，疯狂，神经病！

看到一篇文章，是一个心理学博士写的，作者引用了很多国外心理学家的研究报告，说我们之所以会爱上另一个人，主要是因为我们想寻找客观的自己，而爱人就像一面镜子，可以真实地客观地照见自己，所以我们就爱上了那个如镜子一般的另一个人。

对此，我实在不敢苟同。因为爱上一个人，还真的不是因为他是一面镜子，而是因为他是魔镜。这么说吧，你为什么喜欢那个人呢？因为你觉得他与众不同，英俊潇洒，帅气俊逸，英武神威，高大威猛，或者文质彬彬，或者干脆利落，或者如动漫少年一样，温暖得让人心动，纯净得让人心疼。

我收到过许多读者的来信，其中有一部分是暗恋者的表述，他们喜欢一个人，都是远远地看着，静静地观望，仿佛那人不食人间烟火，超然脱俗，仿佛他就是仙界的人物，没有任何缺点，这种神化了的感觉就是喜欢一个人的开始。

当你通过某些场景，或者某个机会，某个瞬间，看到那个人的真面目，得以窥见他的隐私，你发现了原来他并没有那么高大上，并没有那么好，你心里的幻影消失了，幻象破灭了，你感到了落差，这个时候，你可能不再喜欢那个人了。比如，有读者喜欢某个作家的文章，可看到她的容颜就觉得失落，不再喜欢她。比如，你暗恋的某个人，他不仅不爱你，还嘲讽你，调笑你，甚至占你便宜。深雪有部小说，一个女粉丝爱上了摇滚巨星，后来发现摇滚巨星有 SM（性虐）癖，虐待她，她受不了就只能逃。这就是真实的恐惧。

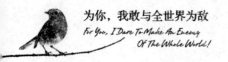

　　爱比喜欢更甚。当你爱上一个人，一定是因为你觉得那个人无比美好，他是世界上最好的那个人，除此以外，没有其他人，没有之一。所以你才会飞蛾扑火，怕错过了他。你觉得他也爱你，宠你，赞美你，将你塑造得像个女神，你感觉你是全世界最幸运的人儿，高兴得要飞了起来，灵魂出窍，满心欢喜，忘了自己，忘乎所以，那时候，哪还有什么真实客观？

　　不要说真实客观。因为当你爱上一个人的时候，你一定将他最大地美化了，而你也希望他将你捧至最高。如果他将你踩在脚底，贬得一文不值，你肯定会逃跑。因此，爱上一个人，不是因为他客观地照见了自己，而是因为他让我们迷失，将我们带到神秘的幻境，让我们进入幻觉，觉得自己和谁都不一样，比谁都好，超过所有人。这才是爱上一个人的实质。

　　我之所以会有这个理论，是因为爱情本就是一种发疯，癫狂，神经病。当你爱上一个人，其实就是神经发作了，不正常了。而那些正常的，只能成为朋友。所以，朋友才是镜子，爱人只能是魔镜。

如何活出女王范儿？

和一个朋友聊天，他对我的现状进行了深入的剖析，给出了很好的建议，比如，讲课，几千元一小时的课就不要讲了。我说太高了市场接受不了，有价无市，他说，宁可闲着，也不要去。他说要帮我打造，全方位的，身心都统统改变。

我昨天刚在深圳顶级风格工作室配美－巴卡罗做过头发，衣服也是最新的意大利男装个人风格定制莱特兹，可是他说不行。他要换掉我的眼镜，但这是太太送给我的，太太最喜欢，可是他说还不够潮，"你这一身都要换掉，要带个墨镜，或者更好看的！手表要是几十万的，假使没有就不要戴，手机全是苹果六以上的，四五就不要了。出门不要带包，全给助手拿着，一个助手还不够，要有四五个助手，都围着你，这样才有范儿，气势就把别人镇住了。谈话的时候不接电话，都是助手接，助手帮你判断。"我想，助手哪里能判断得了呢。很多事情的高度，助手无法做到啊。

"谁请你去谈事都不要去，你不能轻易出门。"朋友是做策划的，随便一个案子都几百万。他头头是道，言之凿凿，我想想，还真的是这么回事。

我回想了一下我自己，一直以来都缺乏一个好助手，有时候有一些经纪人，但都不给力，最后只好换掉，搞到最后，有些事情还是我自己去做。前段时间终于有了名正言顺的助手，但有些事情我还是不习惯交给她做。我为什么不习惯做明星呢，为什么要自己做那些事情呢？比如，给合作伙伴发文件，这个就可以交给助手啊，可是，我会亲自发文件。上课的 PPT 助手做了，我觉得还需要美化，或者加几句话，就亲自做了，总觉得这样就好了。

带助手的话，四五个人也带过，但会觉得太过夸张，把别人吓倒了。看来，我还是没习惯啊。你要有这个气势，这个架势，加上你的才华，你自然就有这个范儿，这个价值了。

这让我想到我合作的《女王很美很精致》。我一直很喜欢这个名字。女王一直希望我写一点女性励志文章，我想没有比打造女王更励志的吧。可是，大部分女人都是普通出身，哪里有什么女王？不过，想想，也不是非女王出身就不能成为女王的，很多女人都可以通过后天的修炼，达到女王的状态。

比如，对女人来说，做女王的第一步就是经济独立，你见过哪个女王是靠别人供养的，或者靠男人吃饭的？每个女王都有自己的独门法则，都是赚钱的高手。

第二，女王都是自爱的。你很少看到女王泡夜店，酒吧，因为那本来就不属于她，你也很少看到女王微信约会，因为那很低廉，混乱。如果私生活混乱，滥交，那样的女王也不会成为女王，只会得病。

第三，女王很少为爱情烦恼，或者说，女王不是没烦恼，而是能化解烦恼，我记得我看过一个国外的传记片，就是写一个女王的，她年轻的时候也有恋爱的选择困境，可是，她的意志力很强，能战胜自己的软弱和虚荣心，她的理智会赋予她力量，她最后会很幸福。

而我们许多女孩子，面对爱情时智商为零。为男人要生要死，丢失自我，很没自尊，甚至萎落成泥，任人践踏，这样的女孩子，怎么可能成为女王呢？

关键是，很多女孩子都指望着男人，心里想的都是怎样榨取男人的钱包，一副乞丐的面孔。有的恶狠狠的，满心都是埋怨，对生活缺乏智慧，情商不高，自怨自艾，哀怨连连，吝于付出，只想索取，一副臭嘴脸，好像别人欠

了她二百万，甚至有的好吃懒做，只想靠男人给钱。这些让她们掉进地狱的深渊，痛苦不堪，踽踽难行，这样的女人，怎么可能有女王范?

女王范儿是这样的一种东西，她天生爱自己，有一种高贵的气质，超然的智慧，情商很高，优雅的灵魂，她精神高洁，永远站在人生的巅峰，她超越常人，有着非凡的气魄和独到的气质， 她从不苟且，更不苟活，她让自己成为卓然的女王，很美很精致。

如果你出身平淡，也不要气馁，女王范儿也是可以后天修炼出来的，只要努力，只要认真，只要持续不断地学习，生长，即使不是公主身，也能修成女王范儿。

加油，女王们!

全世界都在晒幸福，可是真正的智慧是锦衣夜行!

最近被许多微信烦着了。一看公众号标题，全都是她23岁失恋，37岁离婚，40岁出国，58岁嫁了一个亿万身价小鲜肉，或者，她老公有钱，身材好，颜值高，才是真正的男神。

而且，这种频率越来越多，一开始大家还都只传诵赵薇是人生赢家，后来人生赢家越来越多；一开始说王力宏是男神，后来男神也越来越多。而且，只要是对明星夫妻，有个孩子，就都是幸福的。出个行，旅个游，晒个狗，拍几张美照，就都算幸福了。可是，这真的是幸福吗？

说实话，每次看到那些公众号说这个明星幸福，那个明星牛气，这个是男神，那个是女神，这个是人生赢家，那个了不起，我就觉得乏味，全世界这么多事情，为什么非要盯住明星的私生活？为什么非要说只有明星是幸福的？普通人的幸福就不值得关注？其他行业的人就不幸福了？

就算普通人也是，朋友圈里经常看到大家在晒幸福。有的晒豪车，有的晒外国游，有的晒名牌手袋，有的晒新公司新项目签约成立，还有的晒幸福，晒娃。我有个同学，做老师，人长得很一般，可就是幸福，今年都生二胎了。那种语气，充满了骄傲和优越感，你本想祝福她的，可怎么觉得她的语气都不对味呢？就是因为晒得太过分了。

还有个老人家，天天晒和美女的合照，游艇派对，会所私密派对，又是搂腰，又是熊抱，左拥右抱，好像皇帝后宫佳丽三千，那些女的也不知道哪里来的，都称他干爹，

小爸，穿的像夜总会小姐，其实也不好看，有的还很丑，浓妆艳抹，姿态淫荡，自以为美得一塌糊涂，其实让人反胃。真不知道这世界怎么了，美丑都颠倒了。

我见过真正的幸福。一个朋友，太太生病，他放弃所有，亲自在医院端茶倒水，搀扶她去洗手间，帮她洗澡，陪她散步，跟她说话，那段时间，他什么都不做，所有社交活动取消，谁约他都不见，微信手机也都戒了，只看护她。他本可以请人帮忙，也可以让朋友来照顾她，但他都拒绝了。他说，我要亲自陪她，让她感到我的爱。他本来也可以请保姆的，但保姆照顾得有那么好吗？

我也见过快乐的幸福。一个朋友，老公做律师，女儿工作了，是个女汉子，完全不需要她操心。她45岁左右，依然像个小女生。老公心疼她，不让她上班，给她弄了一家珠宝铺子，让她做着玩，她每日优哉游哉，喝茶，看书，玩珠玉，云淡风轻，优雅淡定。其实他们家很有钱，在湖南还有地产项目，但他们从来不张扬，她老公每日来接她，爱护她，她有人追，她老公还会保护她，她待人接物都非常有涵养，有修为，这样的人才是真正的幸福啊。

我还见过更朴实的幸福。一对年轻人，女生上班，男生做艺术，虽然有才华，但由于机缘等问题，男生还没大红大紫，所以还没挣更多的钱，但是，他们有了一些收入，买了一个房子，虽然小了点，但两个人的心是在一起的。他们的亲戚，朋友里，有很多都是好几套房子，有的还有别墅，但是他们并不会觉得羡慕，因为他们发现，那些人也都有他们的烦恼，而他们更清醒，更珍惜，反而更幸福。

我还见过一个女生，最好的衣服总要在家穿，因为要给老公看。而出门，上班，则穿得朴素，大方，端庄，清爽就好。她也有许多珍奇珠宝，但她不戴，或者戴得比较隐蔽，通常是在衣领和袖扣里面，十分低调。这样的女生是懂得幸福的，她的幸福不张扬，不炫耀，不惹人注意，也就不遭人嫉妒。

锦衣夜行，所有的快乐都是内心深处的快乐，所有的幸福都是宁静的、平和的、低调的幸福。太过高调就容易跑调，秀得多，容易假，晒得多，蒸发得快。所以，晒幸福这种事，真不是有智慧的人干的事！

多长一只天眼

在我写专栏的报纸上，有篇同版文章《为什么人要长

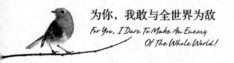
两只眼睛》。

话题来源于武则天，她有一天问文武大臣，人为什么要长两只眼，而不是三只或一只眼？大臣大眼瞪小眼，就是答不上来。其实，估计也有答得上来的，但不好说。只好保持沉默。武则天告诉大家，是为了能睁一只眼，闭一只眼。

睁一眼，闭一只眼，这有时候是好事，明明知道某人不好好干活，但也不计较，不过问，不指责，睁一只眼，闭一只眼，免得让那人无饭吃。但也有时候它是坏事，比如，明明知道某人爱占小便宜，或者有偷鸡摸狗不轨行为，但还是不过问，不查处，这便是纵容坏人，让坏人更加大胆，最后损害的还是他人的利益。

睁一只眼闭一只眼往往被解读为正面的为人处世之道，意为大度，难得糊涂，不那么斤斤计较，不纠缠，不执拗，不偏激。但这种所谓的成熟往往就变为麻木不仁，视而不见，或者放任纵容。

据说，武则天当年拷问大臣这个问题，其实就在告诫他们，不要多管闲事，多一事不如少一事。这其实就在警告，你们不要过问太多，有些事你们管不了。说是玩智力游戏，其实在警告群臣，不要管得太多、太严、太宽，要给她留面子和权力范围。所以睁一只眼闭一只眼，往往是被逼迫的，无奈的，是无法伸张正义的结果，真的有那个能力，拿得起放得下，手起刀落，坏人全部斩除，毫无障碍，哪里还需要这样睁一只眼闭一只眼，多不痛快！

所以，强者是法眼，一般人都不具备。强者的法眼，一般人进不了，他要求高，错误也容忍不了，他铁面无私。真正有责任感的人，不仅要睁大眼，还要睁大双眼，对坏人，对恶性，严惩到底，容不得任何疏漏，赤子之心，零容忍；只有老江湖才会睁一只眼，闭一只眼。

刘心武说，处世的最高境界是，全靠一片天籁；第二是大事不糊涂，小事全糊涂；次之，睁一只眼，闭一只眼；再次之是细心如发，斤斤计较。睁一只眼，闭一只眼只能算处世艺术的第三高度，可见，这还真的只是一般人的作为。大事坚持，不糊涂，小事糊涂，不计较，这境界是许多成功人士的做法，坚持原则，大事不妥协，比如，主权、人格、尊严等，但对小事则能放过的就放过，主要是饶恕，宽恕，心知人类都有弱点，如果那点小事都要计较，那得耗费多少心力？

成功的人物都专心做事，从大局出发，没心力耗在小事上，但又注重细节，这是两个概念。

　　第一境界，全靠一片天籁，我的理解是，真正心怀慈悲，宽怀天下，知道坏人也有难处，也迫不得已，或者也情有可原，即使查处，也留有后路，不赶尽杀绝。这是对世人的一片赤子之心，不管忠臣逆子，好人坏人，最后都归于尘土，灰飞烟灭。在第一等境界人的眼里，他们是平等的，而他们的最终结局也是平等，化了灰，一抔黄土，荒草满布，只不过盖棺定论，褒贬不一，留于世人说。

　　至于锱铢必较，那几乎是非常差劲的处世方式了，谈不上艺术，更遑论境界。锱铢必较的人往往都不快乐，或者将自己的快乐建立在别人的痛苦之上，对大事，真正重要的事不关注，不保护，不追求，反而在小事上折磨人，这种人堪称人类的渣滓，专门找事，找茬，闹事，不让人省心。有点类似我们常说的小人。

　　而我觉得，在天籁之外，人们还应该长一只天眼，因为普通人看这个世界，都是用的眼睛。而伟人、智者看这个世界则用的是心灵。伟大的人物看的是地球，宇宙，而智者，则看的是心灵的天空，博大的灵性，比如，耶稣之爱世人，佛家之普度众生。与世人所谓长一颗心眼，少上当，少吃亏截然不同。

　　我愿能多长一只天眼，照亮世人的心。

姑娘，愿你成为一个纯粹的人！

有朋友过来谈事情，聊着聊着，居然扯到了娱乐圈的八卦。朋友说，你以为那些明星的代言那么容易拿啊，还不是靠潜规则。我说不可能吧，如果是品牌确实需要那个人，契合点很高，不是正好可以合作吗？

朋友说，陈老师你太单纯了。那么多漂亮姑娘，比你有名的有，比你年轻的有，为什么是你？如果没有潜规则，好事哪可能都找到你。朋友说得确切，我却听得起了鸡皮疙瘩。照这么说，这世界就没有纯粹的合作了？那么，如果凡事都需要潜规则，我们这些长得不够帅的男人怎么混？我们想成名成家就只能靠自己了。

朋友说，男人不一样，男人要相对好点，除非你是顶级帅哥，否则就只能靠自己了。我说那还好，我反正一直是靠自己的。我有朋友，唱歌的，中等水平，但长得也还一表人才，不少女企业家就很喜欢他，他也乐得如此，总少奋斗十几年。但也就这样了。朋友说，现在明星模特大

多这样，到一个城市就明码标价，轻车熟路。这个我大概是知道的，前两年做女性杂志采访过一个人，他经常发布某明星来深圳的消息，什么价位，什么级别都有，跟吃饭喝水一样普通。

朋友又说，即使大明星也一样，比如，某绝对一线大美女前两年还接活呢，一晚 200 万，我说她不需要了吧，她那么有钱。朋友说，你不懂，她是公关活动，要认识人，认识人有那么重要吗？那如果这样还不如不做明星呢。但也许我落伍了，潜规则是彼此需要，也许人家觉得没什么？

对于这个世界的潜规则，我是一直比较反感的，我觉得你有才华，能真正做事，这比什么都重要，然而，这个世界是邪恶的，人们并不会像我想得那么纯粹，潜规则到处都是。当然，也不全是。像我朋友请裸模做活动就没有潜规则，第一，我朋友没这个嗜好，第二，他也觉得那个模特当时变胖了，变丑了。但是，其他男人会这样做，比如某裸模被某导演骗，说能炒红，结果上了床也没帮任何忙。另一个江湖骗子号称某知名导演的助理导演，说是可以引荐裸模见该导演，被潜了，赔了夫人又折兵。

关于这个事情，我是这么看的。男人固然挺坏，但女人是不是也应该学会保护好自己呢？睁开眼，长颗心，尤其是自尊自爱。有时候也没人逼你那么做，只是你自己想出名，想获得利益，投怀送抱，把自己贱卖了，只能怪自己。我朋友是中戏毕业的，她说她有个同学就是一路被潜，被骗，结果一个片子也没得到，最后就伤心落泪，彻底离开演艺圈嫁人去了。另一个美女据说和某富二代共度一夜，啥也没干，因为条件没谈拢。我想这个事情其实一样，因为都是在做交易嘛，只不过条件没让自己满意。

如果你长颗心，你就会发现，你很尊贵。我有一对学生，貌美如花，一个90年的，一个88年的，她俩都有正经工作，平时业余接一些模特拍摄工作。有一次，一个爱潜规则的人就约她俩吃饭，她俩一看是去酒店就当场拒绝了。她们跟我说这个事情，我说我知道这个人，江湖传闻骗了很多女孩子，你俩要小心。她们说，肯定不去的，一看就知道他不是好人。

这就是自爱的姑娘。即使我不提醒，她也不会去。后来这90年的女生就遇到一个英国回来的海归，幸福地恋爱结婚了。

职场也是。我听过一个潜规则的最高级别。某传媒女被总编潜规则，结果霸居单位一姐十多年，谁都动摇不了，即使十几个编辑集体请辞，总编也不为所动，让那十几个

人都滚蛋，只留她一个。连他平时最器重的男编辑恳请他也不听，全部滚蛋。这就是潜规则的稳固。那女的我知道，没有多少才华，但职场混得风生水起，让我感叹，像我这样单纯的人，只能拼才华了。

但是，也有人洁身自好，向潜规则说 NO。多年前，一个女传媒人士给我写稿，我请她吃饭，她说，你要有手段，才能保护自己。我当时在职场正处于被排挤的时候，心情非常糟糕。她举了她自己的例子。副总编性骚扰她，她严词拒绝，但副总编还不死心。最后，她只得用了一点手段，将副总编发给她的暧昧短信拿给总编，并扬言，如果副总编再敢打她主意，她必将让他身败名裂。最后，这副总编就乖乖收手了。她辞职的时候，总编副总编全都隆重送行，并且多给了她几个月的薪水。这样的女子，是有智慧的。

其实，职场的潜规则也好，人生的潜规则，往往都是你主动送上门的。姜太公钓鱼愿者上钩，如果你没有企图，别人也很难潜你；如果你没有功利心，别人也不会打你的主意，只有你抛了"我可以"的暗示，人家才大胆来潜。鸡蛋没有缝，苍蝇便不会叮。而如果你臭，蚊蚋都会往你身上钻。

归根结底，还是要做一个纯粹的人，不要因为利益把自己卖了！

即使分手，依然让人感念！

8月14号，本来准备去安徽马鞍山的，参加某中文网发起的中国数字出版峰会。作为情感作家，我也是重点邀请对象。一切都准备好了，我的行程安排是南京，马鞍山，老家，上海，深圳。因为上海书展，出版社也安排了我的签售和演讲。

我也好久没回家了，这一趟连续十几天的旅行，我期待已久，所以精心安排，排开在深圳的活动时间，就是为了更彻底地、无阻碍地参加文化活动。但家里忽然有喜事，我必须在家里陪歌妮，所以只能取消这些行程。

因为是重要的喜事，所以我必须留在深圳，上海，马鞍山的行程虽然有点遗憾，但也只能放弃，因为我向来是个知道什么重要的人——家庭在我心里是排在第一位的，事业会有许多机会，多一次演讲少一次演讲对我并没有太大的改变，所以，起初还有些遗憾的我，也终于放心了。不过，8月14日就接到香港卫视一个朋友的电话，问我是

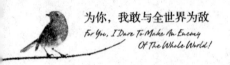
否在马鞍山，我说没去，他说好遗憾，看到我的讲座安排，很想听。又过了两天，有个作家朋友微信告诉我，一直在会场找我，没找着。问了主办单位，才知道我没去。

我觉得挺开心的，虽然我没去，但还有人惦记，还是蛮有成就感的。8 月 19 日，北京朋友一个朋友找我，说她也去了马鞍山，好想见我，因为本来看主办方的行程有我的讲座就很期待。然后还要找我合作有声书，让我感到这次峰会还是挺有价值的，去的文学圈出版圈的人还挺多。不过，没去的我依然很开心，因为仿佛去过了一般。风起中文网的朋友则要给我快递证书，让我觉得我好像真到了现场。

这种感觉真好。

想起一句话，你不在江湖，但江湖依然有你的传说，这真是一个美妙的境界。我现在只有那一点影子，还没达到真正的不在江湖，但江湖都是你的传说。不过不要紧，我相信会有那么一天，所有不认识我的人会知道我的大名。认识我的人会惦记我的好。那时候我再去隐身，做一个静谧的写作者，才是真正的安心呢。

这也仿佛恋情的结束，有些人，你明明和他分手了，他还惦记着你，说明你真好。你要不好，他早把你忘记了。但是，那种惦记，那种想念又不是藕断丝连，不是暧昧，而是内心的怀念。

这种怀念，不是因为美色，而是因为好，善良。因为美色只会让人想要占有，霸占，但好却让人发自肺腑的喜欢。

你是这种人吗？即使分手依然让人感念？

如何成为一个妖孽？

小时候看电视剧《聊斋志异》，里面的狐狸精总是非常迷人。狐狸这种动物，天生俊逸，身材匀称，大小合适，得体，毛发光滑，头颅高昂，五官精致，眼神专注，让人看了忍不住爱。

影视剧里经常出现狐狸的形象，我每次都看得入迷，像这样的动物，真的有灵性。它不像老虎那么恐怖，不像狮子那么丑陋，不像野狗那么猥琐，不像猫那么诡异。我每次看到猫，都觉得那眼睛里藏着恐怖故事，有一次我在小区看到一只黑猫，想起爱伦坡的恐怖小说，房顶上神秘的脚步声，半夜的猫叫，凄惨哀怨，不禁恐惧感袭来，拔腿就跑。

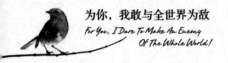
而狐狸，真的很好看。有时候我觉得狐狸是孤独的。尤其是月下的狐狸，对着苍穹，皓月，仰天长啸，那一刻，也是人的内心的寂寞。也许正因为这个原因，人们才觉得狐狸能变成人，狐狸精这么迷人，也是因为狐狸有灵性吧，如果是黄鼠狼和蟑螂变的人，估计大家都觉得恶心。狐狸精变的人，总是妖娆，聪慧，身段柔软，这样的女子，是男人的尤物。

说到妖精，《西游记》里最多，不过《西游记》也许拍得太正统了，只适合孩子的想象和审美，如果从男人的角度，西游记里的妖精没有一个美得让人心动。但是，她们依然有风情，她们目标明确，想吃唐僧肉就想尽一切办法，费尽周折，不辞劳苦，总要吃，哪怕孙悟空棒打，哪怕观音菩萨收服，她们也还是任性到底。

妖精都有神通广大的能力，灵活，打不过就跑，但回来还继续战斗。心无旁骛，这一点，值得所有女人学习。

当然，西游记里的妖精还是美的，只是编导们没有按情色的风格拍，而我们当时年少，哪里懂得男女之情，所以今天没有特别的印象，倒是后来看了封神榜，那妲己真是诱惑无比。说实话，那时候我十四五岁，已经可以感觉到妲己的魅惑。那身段，那眼神，眉目，嘴角，软语，撒娇，发嗲，温言，让男人一看就会骨头酥软，一听就欲罢不能，如果能贴身拥抱就早已不能自持。所以纣王被妲己迷恋，也是可以理解的。

后来文字给了我无限的想象，就是白居易长恨歌里写的"天生丽质难自弃，一朝选在君王侧。回眸一笑百媚生，六宫粉黛无颜色。春寒赐浴华清池，温泉水滑洗凝脂。侍儿扶起娇无力，始是新承恩泽时。云鬓花颜金步摇，芙蓉帐暖度春宵。春宵苦短日高起，从此君王不早朝。承欢侍宴无闲暇，春从春游夜专夜。后宫佳丽三千人，三千宠爱在一身。金屋妆成娇侍夜，玉楼宴罢醉和春。"谁会早朝呢？这么美的女子。遇到她，谁都想天天缠绵吧，哪里还理会早朝。在我的想象里，狐狸精都是以瘦为美，赵飞燕那样的，但是，杨贵妃则是丰腴之美，这种微微的胖，温润，丰满，更容易激起男人的欲望，所以莫言的小说都要用《丰乳肥臀》做书名，算原始的本能。

不过，其实妲己和杨贵妃都算是妖精，妖孽只不过形容不同，体态不一，表现形式和给人的感觉不同，但实质是一样的。

不过，想做一个妖精，除了修炼容颜外，恐怕更多的还要修炼举止，言行，内在，才艺等。吹拉弹唱，样样精通，

琴棋书画，统统精彩。重要的还得像我一个朋友说的，要修炼性能力。妖精哪能是性冷淡呢，一定得是性爱高手。像王熙凤那样，贾琏要试一个新花样她都扭扭捏捏，是当不了妖精的，所以贾琏总去外面偷人，觉得刺激。对性爱的激情是做妖精的一个要求。一定要让男人欲仙欲死，欲罢不能，在荡妇与妓女之间，在贵妇与女王之间，在高级动物与低级动物之间，自由地切换身份，让他留恋，他怎舍得离开你呢？

但重要的还是性格吧。妖精都温柔可人，懂得俘获男人的心。像我一个朋友，长得本来就不错，又做魅力训练，举手投足，风情无限，你和她拍照，她翘起兰花指，手搭在你的肩上，或者她教你跳舞，那身段，语气，整个人就是一个妖孽，当她帮你化妆贴眼睫毛的时候，当她拉起你的手的时候，你可以感到她的温柔，心想，能娶这样一个女子做老婆，也真心不错。

我觉得妖精最关键的是，不能太急功近利，唯利是图，喜欢一个人就是喜欢一个人，哪怕是只喜欢他的肉体也好，那也是一种吸引，而不是交易。

综合来说，想成为一个妖精，最重要的就是修炼内心。颜值不如胸器，胸器不如性能力，性能力不如温柔的性格。温柔方是女人的天赋，没有温柔，再美也成不了妖孽。

第六章

爱的世界只有我和你

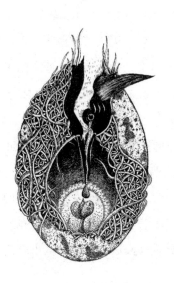

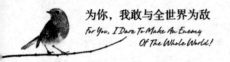
有人愿意挡子弹，有人愿意买早餐！

都说衡量一个人是否爱你有两个标准，确切地说是针对两种不同人群，对有钱人来说，要看他陪你的时间有多长，对穷人来说，则要看他给你的钱有多少。因为有钱人最缺的是时间，而穷人缺的是钱。

这么说似乎有点武断，简单粗暴地将人分为穷人和富人，有点不妥当，但现实中，还真的有人这么干。

我有个朋友，某天从北京来看我，她说他老公原先一个月几千块钱的工资，她从来没让他拿出来过，他也没主动给。后来老公出轨，她伤心，就将他赶走了。对她来说，不需要男人养家，只要男人不乱搞她就很知足。

可是她堂妹不一样，她堂妹嫁了一个非常有钱的人，据说是富二代，很花心，天天不回家。可是，堂妹觉得挺好，还在亲戚面前炫耀，觉得自己找了一个富二代，很有面子。

我说，那样不悲哀辛苦吗？明明没有爱，要那么多虚幌子做什么？她说，没办法，堂妹从小就爱慕虚荣，所以就满足于虚荣。即使对方花心，她也能忍。

这就是亦舒说的，幸福就是求仁得仁，要雨得雨。你想要什么，你实现了，这就是你的幸福。

可是，同样的事情，放到另一个追求关爱的女生身上，就觉得受不了，但朋友的堂妹可以。

我朋友 S 则更奇特，她一心只想做总裁夫人，嫁的人要是上市公司董事长，目标清晰，定位精准，那么就去企业家群体里寻找，各种商学院，财经投资峰会，都是她"狩猎"的场地。对于那些没有前景的小白，或者帅得一塌糊涂的男模，她一概没有冲动。我说，那个男模蛮帅的啊，你就没感觉？她说不喜欢，帅有什么用。再说，看起来比较阴，杀气太浓。暖男呢？也不喜欢。"再说，又没什么大发展！"

她对钱有冲动，相对于外貌，她更对钱有激情。所以她最终找了一个上市公司老总。但是，这个老总可不是省油的灯，在她出国的时候，他找过小姐，她觉得很恶心，但还是认了。后来他还出轨过，她这次真愤怒了，想分手，但最后男友来认错，她赌气了十几天，最后问男朋友，出轨有没有经济损失？男友说没有；那么，有无得病？男友做了体检，没病。那好吧，原谅你。

S坦言，其实心里也挺恶心的，像吃了苍蝇一样，但是想想，也没比他更有前景的人了，何况她还有他公司的股份，已经战略联盟了，只有认了。其实她之前也跟我投诉过，她生病的时候，他出去玩，她打电话，说我想见你，他说，自从认识你之后，我就没怎么玩过，我要多玩几天。如此不贴心的男人，要他干吗？

但她还是要他。因为他能给她上流社会的一切，比如，去国外度假，去哈佛商学院游学，带她妈妈环游世界。她说，还是我找的男朋友好，有眼光。因为她要的就是这些。

而另一些人则要温馨甜蜜的生活。比如我一个朋友，她当初答应嫁给一个男人，就是因为那男人半夜下去给她买薯片。一个时刻想着你的男人，也是有致命的吸引力的。

我讲课会举一个例子，某知名报纸的记者，因肝癌去世。她太太非常怀念他，就是因为他生前无微不至地关爱她。就像我的另一个朋友，听人说白醋有消炎美白作用，便去买了回来，给皮肤暗沉生痘痘的女朋友试用。

还有一个朋友，每当看到好看的风景都会拍照发给女朋友，吃到特别好吃的总会打包给太太，在太太生病的时候，无微不至地照顾，时刻围绕在她身边，端茶倒水，端屎端尿，心疼她，照顾她，甚至为她掉眼泪，熬坏了身子。

有人愿意为你挡子弹，有人肯给你买早餐，但也有人只给你大把的钞票，金卡，随便花。你要哪一种人？还是都要？其实能达到一种已经算是幸运了，最起码求仁得仁，你渴望的已经实现。怕就怕，你想要钱，没有钱，想要爱，也没有爱，那才真的悲惨。

有一种爱情叫江湖相望！

我很欣赏你，但却不能娶你！

看了电影聂隐娘。舒淇演得真好，已经有侠女的风范了。可以与章子怡的宫二媲美。想一想，这个角色，非舒淇莫属。因为她已经修炼得如此炉火纯青，那种孤单，那种陌生，那种隐忍，那种割裂，那种对自我的追逐，在聂隐娘身上展现得淋漓尽致。

比聂隐娘还有看头的是舒淇与张震的"爱情"。有媒体报道，北京站的宣传舒淇一个人撑场，因为侯孝贤生病了，张震因为台风误点了，来不了。但是，张震依然是舒淇绕不过的坎。舒淇说，以后不想再见张震了，不明就里的人或许还以为他们闹掰了，其实，是她不忍再见张震。

　　"这个人我不想要再见到。""虽然是戏里头的东西，但是有感情。""应该让他走的就是要让他走。也是我对戏里头情感的一种释放。"三句话，看起来都是一种解释，其实是一种逃避，她已经无法再见他，因为他已经是别人的人。不是讨厌，而是怕伤感，怕自己会继续投入，这就是一份断不了的感情。

　　其实，这两人曾经如此接近。15 年前，张震和舒淇就在《第一次的亲密接触》中饰演情侣，两个人同样来自台湾，同样是天赋异禀，在戏里亲密接触，戏外自然也生出情愫。5 年后，他们再次邂逅在《最好的时光》里，却化身三对恋人，谈了三辈子的恋爱。我至今记得这个片子的一些细节，三场戏演完，让人觉得他们无论怎样都是相爱的，要不然，怎么会演得这么朴素动人？这么默契细腻？

　　在《最好的时光》里，"恋爱梦"的部分，舒淇芬芳清脆，张震俊逸可人，没有过多的纠缠，初恋就是这样美好而纯粹，干净而清澈，我就是喜欢你，没有别的理由。第二环节，自由梦，两人换上古装，回到古代，类似默片时代的爱情，静默，隐忍，不用说话，一切尽在不言中，这就是"琴瑟在御，莫不静好"所形容的境界吧。而青春梦里，两个人则仿佛回到现实，更贴近彼此的心态和心境，据说，里面有一场吻戏，需要吻足十几分钟，而两人非常投入，连导演喊停都没听见。那份情感，应该已经是浓到馥郁了吧。

8 年前，当他们再度合作《天堂口》，让我们看到了这份感情的深度。这是一部关于老上海的电影，由甄子丹、孙红雷、张震、舒淇出演，舒淇饰演大佬的女人，当一个小弟恋上大佬的女人，那一定是炽热的爱，飞蛾扑火，不顾一切，所谓越禁忌，越热烈，越控制，越不可把控。那拦也拦不住的感情，谁能说不是两个人的真情写照？那时候的他们，多像一对恋人，谁都以为他们是一对恋人。所以当两人一起上康熙来了时，小 S 问："如果张震现在追你，你会答应吗？"舒淇毫不犹豫地说："会，他那么好。"是的，他那么好，她怎能不爱？她那么好，他怎能不喜欢？

我相信两个人一定是动过情的，而且，是非常深炽的，浓烈的。我相信，他们互相喜欢，彼此爱慕，两情相悦。甚至，当他们一起参加戛纳电影节的时候，张震说很想结婚，舒淇说，如果你 35 岁还没娶，我就嫁给你。而这一切，都在张震老爸一句"舒淇不会是张震的另一半"中结束，那之后，他们就只能像朋友一样，彼此点到为止，发乎情止乎礼。

可以看出，张震的父亲不同意。对于一个乖顺的男生

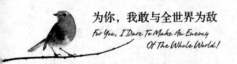

来说，父亲的话他估计要考虑一下，甚至不可反抗，就像周杰伦会选择妈妈和外婆喜欢的女生，一段不被家族祝福的感情，向来顺服的人很容易就妥协了。

2013 年元旦，张震迎娶了自己的助理，舒淇只能送上祝福。婚礼上，舒淇喝醉了。因此，有人说，世界上最痛的玩笑不是感谢你当年不娶之恩，而是，"你还不是娶了别人。"对舒淇来说，张震或许是那个唯一，不可取替的真爱，但对张震来说，舒淇却是可以放下的知己。有时候男人就是这样，你明明很爱一个人，但你却未必就要娶他，也许是父母不同意，也许是感觉不对，也许是觉得她太高了，不敢亵渎。一个可以掌控的女子，才是男人最理想的妻子。所以，张震终于结婚，迎来了人生的安定，而舒淇还在情路上奔波，不知道何时能停歇下来。

"你还不是娶了别人！"这话里有哀怨，但更多的是不舍。是藕断丝连，是心有余念。是无法忘怀，是不可释然。

而今，她终于要释然了。到了《聂隐娘》的相遇，两人终于将生活中不能完满的感情，在戏里彻底地释放了。经历了那么多，拉开了距离看对方，那种感情应该更不同了。他们曾经相爱过，这是毫无疑问的。他们到底分手了，这不是因为他们不相爱，而是有一种感情，你就只能江湖相望，而不能拥抱。也许，爱情就是这样，如果我不能抱着你取暖，那就请留取我的倩影，在你的回忆里。

但是，这或许才是最好的结局，因为我见证了你最好的时光，我拥有你最美的笑容，我知道，你的生命里曾经有过我。而一旦走入婚姻，谁知道将来会发生什么呢？没准遇到挫折，一拍两散，终成怨偶，相互嫌弃。那还不如，我永远在你的记忆里。

为你，我敢与全世界为敌

王小波在《爱你就像爱生命》里有一段话，我觉得非常好。

"我的勇气和你的勇气加起来，对付整个世界总够了吧？去向世界发出我们的声音，我一个人是不敢的，有了你，我就敢。"

这说的是爱情的勇气，力量。有时候，一个人确实会怕，但如果有一个爱人支持你，你就不怕了。这倒不是力量的悬殊，而是有了同道中人，有了心里安慰。

影视剧里，经常有这样的桥段，女主角受伤了，或者

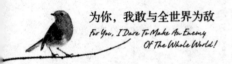
受了惊吓，男主角抱着她，告诉她，别怕，有我在你身边，我会陪着你的。她就真的不怕了。因为信任，因为相信他的爱，将自己整个交付给他了，她便什么都不怕了。

也有男主角受伤，或者情绪低落，发生了重大变故，躺在床上，昏迷不醒，或者昏睡养伤，半夜忽然醒来，多半是噩梦，惊叫，一身冷汗，女主角坐过来，安慰他，不会的，没事的，一切都过去了。男主角忧伤地偎在女主角的怀里，安静地再次睡着。

爱情需要陪伴，有那个人陪了你，你就有了勇气。好比走夜路，总怕有鬼，有个人陪着，你就胆大很多。我就有这样的经验。上高中的时候，有一次寒假回家，冰天雪地，深夜，下了汽车，接下来还有六七里路要走，路上经过很多田地，有坟场，害怕。可是，有同学陪，就不怕。同学是我小学同学，同在县一中，他上理科，刚巧这次一起了。

他家近，先到家。和他分开后，还有一两里路，我走得惊心动魄。路过坟场的时候，心都快跳出来了。那一刻，真的希望有个人在身边，哪怕是条狗都好。其实，不是怕鬼，是怕那种阴森的氛围，万一有什么东西忽然冒出来，估计都会吓死你。而我爸爸常说，不怕死的怕活的。就是，如果那时候路遇坏人，该怎么是好。

　　而且爱情里的陪伴，更多的是一种精神上的鼓舞、支持，就如贾宝玉和林黛玉。宝玉逃学那一次，被父亲打得半死。他一定恨透了整个世界。可是，因为林黛玉来看他，他便觉得宽慰。他说，所有的痛都值了。所有的痛都不痛了。因为有人理解你。黛玉说，你此后可都改了吧。意思是不要这样跟他们对着干了吧，不要任性吧，因为你会吃亏，受罪。宝玉说，只要有你，我就是死了也在所不惜。这就是爱情的力量。

　　记得以前大学老师老说，贾宝玉和林黛玉抱团，相互依偎，彼此珍惜，互相取暖，以对抗那个腥风血雨的残酷旧社会。后来体会一下还真是的。整个世界和你都不一样，所有人对你都抱有功利之心，所有人爱的都是你的地位而不是你的人，只有一个人爱你的人，爱你的心，不管贫穷富贵，爱你朝圣者的灵魂。这样的两个人，不就是同盟吗？抱团取暖，不是为了攻击世界，而是在暗箭袭来的时候，他们可以相互抵挡。抱团取暖，也是一种勇气。

　　对我来说，爱情的勇气还包括。如果你孤单一人，哪怕勇于对抗全世界，但你会觉得孤寒。你心想，我这样为了什么呢？何必呢？没人爱你。但如果有个人爱你，你就觉得你是对的，你斗得更勇。或者，干脆不斗了，与世界

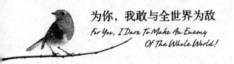

和解了。我曾经就有这样的感觉。当那个最对的人没到来
的时候，与全世界斗都会觉得不值。当她出现的时候，便
原谅了全世界的是非。

总之，我不怕万人捶打，只怕你一人不理我。如果你
理我。我就算对抗世界又怎样？我不怕孤单，就怕你不要
我。如果你爱我，失去世界又怎样？

精神的支持，是爱情最大的价值。

就如梁静茹唱的，"爱真的需要勇气，来面对流言蜚
语"。可是，爱情需要的不仅是勇气，爱情还能鼓舞勇气，
增加勇气，锻炼勇气，所以，一定要用力地爱哦。

幸福不怕晚，属于你的终会到来

朋友发来结婚喜帖，邀请我参加她的婚礼，我想我一
定要参加。因为她的爱情太不顺利了，这么多年，她一直
在情海里沉浮，兜兜转转，起起伏伏，吃了很多苦，上了
很多当，受了很多骗。

很多次，她都要放弃，可是，回头，她还是相信爱情，
相信男人，她说，人家都说男人不可靠，我就不信，天下

那么多男人就没一个好的？她这么想，也这么做，于是，她就等到了他的真命天子。

就如许茹芸，以前一直唱着伤心情歌，是苦情歌手，《如果云知道》、《泪海》、《独角戏》，当年的苦情歌后，如今却幸福地嫁给了韩国的娱乐高管崔在成。不仅帅气多金，还温柔细腻。恋爱期间，会在周五搭最早的班机到台北，周日乘最晚的班机离去，还会主动照顾许茹芸生病的父母。

在江苏卫视的火爆音乐节目《蒙面歌王》的舞台上，许茹芸的幸福溢于言表，她唱《为你我受冷风吹》，完全没有幽怨，没有吃亏，不甘的心态，全是温暖，感恩，感动，喜悦。那种爱是宽慰，心甘情愿。她唱《爱情三十六计》完全出乎我的意料，而且，还唱得活泼俏皮，真是可爱。唱《明天我要嫁给你了》完全就是小女人即将嫁人的幸福，让人忽略掉音乐，只记得她不断吟诵，"明天我就要嫁给你了，明天我就要嫁给你了"，让人心动，融化。这一切，都跟她现在的生活和状态有关。

曾经的许茹芸也是情路波折，后来，她用一场又一场的旅行拯救了自己，"那一年给我很多启发，我去寻找本身生活上一些新的状态，并从内在外在整理好本身。"曾经她怀疑自己的脸型是否适合做歌手，第一次出专辑时化

妆师费力遮挡，MV 导演花时间找角度、打光，经过纽约油画、烹饪、踢踏舞等貌似和专业无关的生活和锻炼，她渐渐找到了自信，她成了飞机座上的诗人，念家的旅行者，芸氏私房菜主人，用相机记录生活的直觉摄影师，会做艺术装置的词作者……她拥有了太多身份，也变成了另外一个人，一个快乐自由的人。

然后她就遇到了她的 MR.BIG——2013 年上半年，在朋友的聚会上邂逅，崔在成对许茹芸一见钟情，展开了热烈的追求，2014 年 9 月 12 日两人在韩国首尔举行婚礼。其实，许茹芸是小黄花姐妹团最后一个结婚的——许茹芸和梁咏琪、李心洁、杨采妮同为小黄花姐妹，如果其他三人结婚的时候许茹芸着急，迫切，那她只会乱找，而因为她沉静，耐心，她才静等到最好的 MR.BIG。幸福不怕晚，属于你的终会到来。

如今，许茹芸拥有一个非常完满的家庭，老公和家人都很宠爱她。这也许就是她最近情歌路线转变的原因，从伤心情歌变到温暖歌后，只不过是因为她拥有一个幸福的家庭。许茹芸说，如何对抗指数一百一的超级台风，唯一的途径就是让心柔软下来。我非常欣赏这句话。真的，我已经体会到柔软的力量，不管什么人，不管什么事，泰山压顶，我都不紧张，哪怕别人觉得这事情很严重，在那跳脚，声嘶力竭，我也泰然自若，在我这里，除了生死，都是小事。

我渐渐感到，生活，你急是没有用的。不急，反而一切都来了。你只要慢下来，静下来，安心下来，柔软下来，你就会发现对抗生活残酷一面的力量。

人生，就是一个从坚硬变化柔软的过程，一如小时候，我们总是一言不合就和别人起冲突，大打出手，但现在我们只会笑那些动不动就动手的人粗鲁，无知，幼稚。一如喜马拉雅的雪融化成水，缓慢地渗透地表，流进广袤的草原，然后是茂盛的牧草和奔腾的骏马。一如，我这么爱你。而这个柔软的过程，需要耐心。

人生是一场试练，每一个人都拥有自己的幸福，就像

圣经说的，人所具有的，我皆具有。只要耐心，生活不会亏待你的，你所想要的幸福，都会到来，就像在圣诞节的早晨拆礼物！

因为我爱你！我要用所有的时光陪你！

我欣赏的作家村上春树的小文章《如果你爱我》。如果我爱你，而你正巧地也爱我，那么我将……但是，如果我爱你，而你不巧地不爱我，我将是另一种样子，另一番作为。

这充分说明，爱是有条件的。我爱你，而你也正巧爱我，那么我们的爱就是对等的，我们的付出就是值得的。如果我爱你，而你正巧也爱我，那么，我会将生命中最好的东西都给你，最好的风景，陪你一起看，最美的食物，陪你一起分享。你去哪里，我就去哪里，我时刻陪伴你，时刻不分离。我听你的话，你让我干啥我就干啥，即使那事情是我不喜欢的、不擅长的，是我要付出挑战才能做到的，我也愿意，因为爱就是为你做不可能的事，就是为你挑战自我。

如果我爱你，而你也正巧爱我，我会天天想着，怎样让你过更好的生活，我要赚更多的钱，让你锦衣玉食，让你衣食无忧，不为生活操劳，不为生存难过、煎熬。我要让你做一个从容淡定的女子，一个优雅的女人，一个有后盾和依靠的女人。尽管赚钱是那么庸俗的事——对我一个人来说，但因为有你，我便觉得挣钱是一种动力，一种自豪和骄傲。我知道，真正的爱情是要彼此平等，互相独立，但我还是想给你更多依靠，想让你少一些奔波，这是我爱你的一种方式。

你不开心的时候，我会想办法倾听你，理解你，逗你开心，给你说笑话，段子，尽管我天生缺乏幽默细胞，叙述的段子有头无尾，讲的笑话也不好笑，但我还是愿意，去努力地寻找幽默，去费力地记住那些段落，我希望我讲的时候，你能感觉到我的真心。

你笑的时候，我会陪你笑。不管在什么样的心情下，只要你开心，我就会阴转晴，我会很欣慰，因为你开心本来就是我的目的，你现在快乐，那不正是我的所求嘛。

你生病的时候，我会很牵挂，日夜陪伴，端茶倒水，寻医问药，我们甚至尝试过中药，我不想你住院，希望用中药来调理。我不想给你吃薯片、饼干、话梅，所有这些

上火的垃圾食品，不想你喝碳酸饮料，我会亲自给你榨果汁，磨豆浆。我希望你记住，开车的时候不要着急，别人按喇叭，不要理他，别人超车，就让他超，但如果他违规超车，我会将他的车牌拍摄下来，发布出去，让他知道，开车也要有法则和道德。

我会陪你上下班。如果你某天不想开车了，坐地铁，我也会陪你，我希望你有个座位，或者往里站一点，不要站在门口，不要那么好心，给陌生人指路；打车的时候，不要过马路，要让他们开到我们楼下，不要让我们去找他。不要走那么远，既然付了钱，就要让他好好服务。对于那些送人不送到门口的司机，要告诉他，既然接了就要送到底，不要为了自己方便而将人放在路口。不要对他们那么好，要从自己安全和方便着想。总之，我会希望你自私一点，这样才可以保护好自己。

我不让你熬夜，不让你追剧，尤其是很晚了还在看。当然，周末的时候，我也会陪你看韩剧，尽管那剧情对我来说有点傻，但看看也无妨，和你讨论一下剧情，也是我快乐的事。

我会忍不住的摸你的脸，轻抚你的头发，我会想拥抱你，牵着你的手，在任何时候，陪你过马路，一起去爬山，在海边的公园，在街区的小道，总之，就会情不自禁地拉起你的手，会觉得那样才是妥帖，唯有那样才似乎有天长地久的感觉，而那是我所最想要的。

我会陪你去参加亲友聚会，穿越大半个城市，过掉四五个小时，不觉得那是浪费时间。你喜欢的人我都会喜欢，你的家人，同事，朋友，我都会友善对待，尤其是对你好的人，我会更加喜欢他们，尊重他们，更加对他们好。我爱你的家人，一如爱我的家人。我愿意就这样，永远地陪你，将生命中最长久的时光都给你，因为我知道，陪伴才是最好的爱，事实上我早已这么做了，和别人在一起的时候我会想你，跟别人吃饭的时候我会想，你一个人在家，晚上9点，如果我还在外面我就会特别不安，想回家，归心似箭。

我不要你独自度过漫漫长夜，所以我很少出差，除非工作需求，非去不可。我想参加的活动，你说不要去了，我就真的不去了。我要去的城市，你说留下来陪你娘俩，我就真的留下了。你不喜欢的我的个别朋友，我就真的不见了。晚上极少出门，周末我一定陪你，少了应酬，因此而少了许多工作机会，我也不后悔。我知道，陪伴你才是最重要的事。

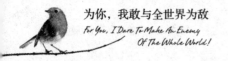

　　我愿意用生命中的所有时光陪你，我愿意为你活得长久。尽管我以前撰文写过生命不要活得太长，50 岁足矣，但现在，我改变看法，收回决心，我要活得长久，尽可能地长久，这样才可以好好爱你，对得起你，陪你。

　　你是我所有的爱啊，我愿意倾其所有去爱你。

　　而如果你不爱我，那这一切都很难实现。如果你不爱我，有些事情即使我想做，你也未必给机会；即使你让做，但如果是没有回应的爱，我估计我也做不长久。不要跟我说爱是一个人的事，不要说爱是不管对方的无谓的付出，那是蠢，是傻，是迷失了自我，即使当时情切，以后也会日渐凋零，然后告诉自己，那过去的执著，我不需要。

　　那样的事，只适合年少的人，情感迷失的人，而我早

已过了少年，我还是专家，如此明智，理性，不会为任何虚幻的情感枉费心机。我爱有价值的爱，我爱有互动的爱，我爱值得爱的人，而那个人就是你。而你也正好爱我。

但是，如果我不爱你呢？如果我不爱你，以上做的一切我都不会做，就像我不爱那些女人，我便什么都不会为他们做，连多一分钟都觉得浪费，连看一眼都没兴趣，更不会有任何上刀山下火海的勇气和决心，这就是我啊，深爱你的我。

我终于不再想你！

这么多年，一直想念那个女生。她是我初中的同学。我初三的时候，她从上一届初三留下来。我也是刚从另一个班转过来的，她留下来。我对新环境不熟，她却自来熟，说话声音很好听，温柔动听，有质感。但那时，我没对她产生感情。

不久，化学老师请我们帮人家辅导，两个女生，一个男生。女生有她，男生是我。辅导前，老师请我们吃饭，是在一个鸡汤店里，有鸡汤，小笼包子。具体还吃了什么

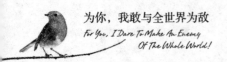
我忘了。但我记得这次吃饭的情景。多年后告诉她，她说有吗？她都不记得了。

我们真正开始熟悉是上了高中。都在县一中，一开始不同班，分科后终于到了一个班级，而且，我坐她前面。那时候，她比初中更有魅力。她性格乐观，阳光，大方，唱歌很好听。男生女生都会喜欢跟她玩。我则为了学习，自闭起来。但我对她敞开。我总是回头，跟她说话，聊天，什么都聊，偶像明星，学习内容，初中的人事。上课铃敲响，老师都走上讲台了我还没扭过头来。即使我头转过来了，我的心也还在咚咚地跳，我在激动，还想着她。

后来，我和另一个初中同学同住，和她同属一个大院，人武部。也许是那个男同学的提议，我不知道怎么缘起的，总之，她给我织了一副手套。一双蓝白相间的手套。高三啊，那么忙，她居然为我织了手套。她那时其实有喜欢的人，也有很多人喜欢她。具体是谁我不确定，反正总有人喜欢她，理科班有个男生下课总来看她，给她讲解数学。我不高大，不帅气，不富有，我自卑，自闭，我全副武装，心思都放在学习上，我必须走掉，必须成功，不可以有失败。因此，即使我再喜欢她，在那种情况下，在自卑与学习第一的思想高压下，我也不可能跟她说。

织好手套的那天，她来到我的宿舍，让我试大小，好像有点紧，她又回去修改了一下。后来这手套我就一直戴着，从安徽到上海，一直到深圳，前两年还戴着，后来也终于旧了，毛线脱落了。

此外，她还来过我宿舍一次，我不记得是什么事了。总之那个黄昏，她来了，然后听说，我们初中有个男同学要去当兵，现在县城，也要过来我宿舍，我俩都不想见他，于是，我俩在他来之前都跑了。我们像逃难一样，也像游戏，就一起穿过狭长的巷道，往前跑去。那巷子两边和上面都爬满了藤蔓，很有诗意。我想，如果我有机会拍电影，一定将这个场景拍下来。

再后来就是课堂里的见面了，私下从来没有单约过。有一次，她负责征订政治学习报，人家邮寄过来，少了几份。她就对我和两个相熟的同学说，先将报纸给其他人，我们等下一批再给。我知道，她是将我当要好的同学，自己人，才这样安排。那一刻，我还觉得非常自豪。

高三的最后一个元旦，我好像给她送过一张明信片，那时候感觉就要分开了，如果不说喜欢她就没机会了。但是，又不能直说，怕说了后如果拒绝连朋友都做不成。只隐晦地表达。她怎么回的我也忘了。

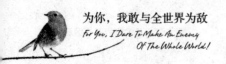

再之后就是高考，我上了一个普通本科，她复读一年。我所在的城市离县城只有一个小时路程，我很想去看她，但又不知道该以怎样的身份。我怕她不欢迎我，也怕耽误她学习，复杂的心情。我只能在老歌和文字里怀念，不断地想她，一次一次，让自己陷入悲伤和忧郁之中。那时候还没有手机，IC 卡电话也不知道打到哪里。这样到了大二，终于觉得无望，就开始喜欢别人。

但是，这么多年，其实一直没有忘记她。不管喜欢谁，都不会忘记她。后来离开大学，去了亳州，又去了上海，再来了深圳。离开安徽后越发想念她。这么多年，不断地寻找她，搜索她。百度上总找不到，微博也没找到。有一年回到老家，在初中语文老师的家里，我问是否有她的消息，老师说她来过，当老师跟她说我在找她的时候，她说如果我想找是可以找到的。我听了这话有一点失落，我想，如果她知道我在找她，也可以主动找我。但是她没有。

我们就这样错过。2006 年还是 2007 年，我在一个饭局上遇到一个女孩，感觉那女孩像她，但是又不敢确认。其实不是不敢，是觉得又不像。如果是她，她不可能认不出我。如果不是，又太像了。但是，其实也没那么像，那个女孩的脸型、身材有点像她，但是，没有她有气质，没有她的超然脱俗。我之所以会坚持她们相像，主要是我太想她了，太想见到她了。

2008 年，终于见到一个高中男同学，尽管不是太熟，也相聊甚欢。我们说到过去的同学，我问她的消息，他说，她和谁谈恋爱你不知道？又说她现在结婚了，嫁给了一个特警。我当时有点失落，觉得我是不被选择的那个。

再后来，在一个高中同学群里，从她要好的朋友那里得知，她确实结婚了，在北京。我想，她幸福就好。她不在那个群里，我们始终没有相见。

2014 年年底，她忽然在 QQ 上找到我，说想策划一场同学会。我对同学会没有激情，但她策划，我肯定配合。我们聊了聊。一开始还不敢深入，不知道该触碰什么。后来慢慢从她聊天的内容和她空间的文字，感觉她像是一个人生活。后来又聊了几次，这种感觉基本可以确定，她自己倒不掩饰，在群里说是高中时候唱歌，一人分饰两角，现在真的是一人分饰两角了。我知道，她一个人生活，带孩子。

我看了她很多文字，她居然在我待过的亳州生活过。我 2003 年到亳州，2004 年辞职去上海，她 2006 年到过亳州。如果我知道她当年会在亳州，那我就不走了。我想，但那

也不行，我们差了两年多呢。关键是我们信息太不对称了。她跟我说，一直听说我毕业就当老师了。而我却去了上海，深圳，我说这谁说的啊，信息也太不准了。

后来我们聊到梦想，她说我现在很好，最起码实现了自己的梦。而她当年想做歌手，现在却在做导游。我鼓舞她做喜马拉雅电台，自媒体，她很受启发，说要重新拾起自己的梦。她说要来南方一趟，去香港，也来见我，聊聊电台的事。我很期盼。她终于来了，我那几天恰好也忙，等她忙完，即将离开的前一天，我们见着了。没有惊喜，只有慨叹。见面的那一刻，我就心里释然了，心心念念想见的人，真见了，就如我多年前写的一篇文章一样，就真的不再想了。我们在东苑王府喝的早茶，之后去了宝安图书馆，在路上和图书馆里，我们聊过去的事情，她说这么多年的经历，变化，说过去很多同学喜欢她，最让我吃惊的是，她告诉我她高中时抑郁。整整三年，她都在抑郁，白天乐观阳光，晚上独自对抗抑郁情绪。我感到不可思议，我怎么从不知道。她说，不光你，所有人都不知道。只有她知道，只有她自己对抗，上课是强打精神，和同学是强颜欢笑，晚上，另一个世界开始，睡不着，恐惧，听完了所有电台，最后，连基督教电台都不放过。

　　抑郁的原因是家庭原因，父母的婚姻情感影响，加上高中受到一些骚扰和古惑仔的追踪。她太美，当然会有人惦记。而她自己，独自对抗这所有的惊恐，甚至包括一个老师的跟踪，这是怎样的惊心动魄而又黑暗残酷。可惜我们都不知道，所有喜欢她的男生都不知道。那么多喜欢她的人，天天缠着她的人，同班的，理科班的，抱着花在她门口不肯走的人，那么多爱慕她的人呢，居然都不知道。她说，她曾经想过告诉他们，但他们总说，别提，大大咧咧的男生，没有一个人细心到倾听她的内心。他们以为她就是乐观阳光大姐大，却不知道她经历了无助女生的凄惶，这是不是很遗憾？

　　之后，我们去了前海万豪酒店，在一楼喝咖啡，那里都是商务会谈，高大上，只有我们在谈论过去的事情。她说到她怎样认识前夫的。说是高中有很多狂热的追求者，一直到前两年还等着她，其中两个我都知道，其中一个还半讽刺半挖苦地说过我，"你喜欢她我们都知道"；却原来他自己也喜欢她。另一个，一副大大咧咧的样子，却原来这么多年一直在等她，私下里非常浪漫，会关心人，只是没有关注到她的内心，但喜欢她确实是非常诚挚的，直到几年前她生下女儿他终于放下。

　　还有一个理科男，曾经在她宿舍门口等到很晚，她就是没有开门。说实话，这些追求者中，随意接受一个，都应该很不错。但她却一个都没答应。她有过恋爱，却全然超乎我的预料，是一个学长，但只短暂地谈过两个月，而且，她后来连他的名字都不记得了。这就是我思念的女神，我以为她有很动人的真挚的恋爱，却原来她高中的恋爱那么简单。

　　上大学的她，还和那个喜欢她的高中同学联系，像哥们，非常要好，因为他一直在追她。她说，最后一次见面，她几乎都要答应他了，可是，她遇到了那个人，大学里的同学，他字写得很好看，她喜欢写字好看的男生。于是他们开始恋爱。她说她那时自卑，而他能给她安慰。他们结婚了，有了孩子，他是军人，每个月一点薪水，她从不靠他养家，他也不拿钱，他在外面有人。她说他婚前就有出轨，我说你那时候为什么还要结婚，既然他婚前就有出轨？她说她自卑。还是抑郁。直到孩子生下来，看到孩子，她才真正康复。

　　好转的她却要面对丈夫的背叛，不顾家。她觉得没有意思，反正有他没他一个样，就离了。他破罐子破摔，丢了工作，没了妻女，变得歇斯底里，想复合。她不肯。他便闹，恐吓，骚扰。无节制，无节操。

我们聊到很晚，向来疼爱太太、跟任何人谈事都不会超过半天的我，从上午到黄昏一直陪着她，然后又一起吃了晚饭，连太太都没陪。吃完，送她走后，我回到家，太太有点生气，但我觉得，就这一次，人生无悔。她是我高中最好的同学，此生唯一可以聊过去的女生，我必须真挚地陪到底。

我无比心疼她，但也无能为力，婚姻这事说不清，我能怎样帮她？还好她现在心态乐观，这也让我觉得安慰，因为她比我想的坚强，她已经走过了青灰色的少女时代，走过了多难的学生时代，如今，她开朗，是一个坚强能干的妈妈。她要跟我合作，做自媒体电台。我觉得这是很好的事情。她说，当年的那个手套没有白织，这是说，我多年后成了一个有想法的人。而我则感念她当年对我的友谊，真挚的友谊，纯挚的友谊，真的，这感情，除了是友谊还能是什么？

所以我真的放下了。我真切地感到，我们是同学，朋友，无疑。因为我们从没开始。因为她对我也许没那个意思。但她一直在关注我。她用她的善良一直在关注我。哪怕她身陷困境，哪怕她在黑暗的泥淖里挣扎，她依然记挂着我。

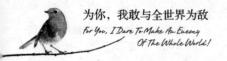
她给我织手套，所有人都猜她给谁织的，猜了许多名字，但最后想不到是我。有人在黑板上写"打得陈保才满地找牙"，她走上去擦掉它，她训斥了一个恶少，她让班上最无赖最横行霸道的人都不敢放肆，觉得她不可接近。但这是在班上，当她阳光的时候。当她走出课堂，她就变得抑郁，脆弱，她就会受到欺凌。

她说到一个细节，她和那些哥们，那些狂热的追求者们一起吃夜宵的时候，看到过我，许多次。只不过，他们在马路那边，我在马路这边。我一个人，孤单地来，吃完就孤单地走。她一直在看着我。我说那你怎么不喊我，她说我想让你沉浸在你自己的世界里，我想你没有关注到，那就不打扰你……仿佛你在前面走，总有一个人在后面默默地跟着你，关注你。她，在那个时候，给过我鼓励，甚至给过我保护，她一定对其他人说，陈保才不是你们想的那么冷傲，你们只是不了解他，他是个善良的人，或者在其他人非议我的时候，她极力地为我声辩。而他们，碍于她的威严，或者面子，不再说。

她是我青春时代唯一真挚的同学，是多年后唯一可以倾诉心事的好朋友，只是，今天的我已经没有什么可以倾诉，但是，关于我的过去，我怎么从青涩的初中、高中走来的，这 6 年的时光，她是唯一的见证者，如果没有她，有谁可以跟我一起回味？当青春不在，少年的朋友也多失去了，即使没有失去，天各一方，也没有人可以说说那少年的时光了，而她，是唯一让我最有交流欲望的人。

她变成了女汉子，养家糊口，做爸又做妈。我一路辛苦，才有今天，但也不算大红大紫，未来，我们都还有路。我期待生个小孩，写的书大卖，做的节目越来越红火，而她希望未来能再恋爱，再生个孩子，我们没有老同学见面的暧昧，但却有人世间非常真挚的感情，我为我们能葆有这种感情而自豪，珍惜。

我们都不容易，一路辛苦，但终于都还活着，用村上春树的话说，在经历了那么多变幻无常之后，居然还存活了下来，这是多么让人惊喜的事，还有什么比这更值得欣慰的事？

我少年时代的朋友已为数不多。太太对我过去的事没有多少兴趣。如果我将来想找个人说话，说说那过去的事就还是找她吧。要不然，我就只有一条路，就是去写书。我想，有一天，我会将她的故事写出来。因为她是那样坚强，那样独特的一个女生，她是那么让人喜爱的一个女生，而她经历了那么多让人意想不到的事。这样的女孩，值得

被铭记！

时光流逝，唯她在少年的记忆里，变得越来越清晰，越来越美，美得让人窒息，而她也成为我少年时代，最美的画面，存留在我的并不牢靠的记忆里，直到老去。

图书在版编目（CIP）数据

为你，我敢与全世界为敌／陈保才著.—北京：台海出版社，
2016.8

ISBN 978-7-5168-1150-4

Ⅰ.①为… Ⅱ.①陈… Ⅲ.①恋爱心理学－通俗读物

Ⅳ.①C913.1-49

中国版本图书馆CIP数据核字（2016）第199896号

为你，我敢与世界为敌

著　　者：陈保才

责任编辑：王　萍　赵旭雯　　　装帧设计：张子航
版式设计：张子航　　　　　　　责任印制：蔡　旭

出版发行：台海出版社

地　　址：北京市朝阳区劲松南路1号，　邮政编码：100021

电　　话：010 - 64041652（发行，邮购）

传　　真：010 - 84045799（总编室）

网　　址：www.taimeng.org.cn/thcbs/default.htm

E－m a i l：thcbs@126.com

经　　销：全国各地新华书店

印　　刷：日照梓名印务有限公司

本书如有破损、缺页、装订错误，请与本社联系调换

开　　本：880×1230　　　　1/32

字　　数：128千字　　　　印　　张：6.75

版　　次：2016年9月第1版　　印　　次：2016年9月第1次印刷

书　　号：ISBN 978-7-5168-1150-4

定　　价：29.80元